Kennt ihr Sachsens Handelsgeschichte?

Versuch eines sächsischen Handelsführers für junge Leute

Mit dem wissbegierigen Nick auf den Spuren von Handelsleuten und ihren Waren, der Suche nach Handelsstraßen, Handelsplätzen und Gepflogenheiten

Der Verein zur beruflichen Förderung von Frauen in Sachsen e. V. (VbFF) bedankt sich bei der Bundesagentur für Arbeit, ganz besonders bei der Agentur für Arbeit Chemnitz, die ermöglichte, im Rahmen einer Arbeitsbeschaffungsmaßnahme den Kinderführer „Kennt ihr Sachsens Handelsgeschichte?" zu erarbeiten.

Herausgeber:	Verein zur beruflichen Förderung von Frauen in Sachsen e.V. Projekt Kinderführer Elsasser Straße 7 09120 Chemnitz
Bereits erschienen:	„Kennt ihr Sachsens Museen?" ISBN 3-936064-04-0 „Kennt ihr Sachsens Klöster der Zisterzienser?" ISBN 3-936064-05-9 „Kennt ihr berühmte Sachsen?" ISBN 3-936064-07-5
Redaktion und Leitung:	Marion Lange
Grafische Gestaltung:	Kerstin Harder, Susann Meier, Beate Müller, Margita Wischnewski,
Texte:	K. Einert, G. Grashoff, G. Kreher, H. Reinhold, M. Sabrowski, I. Speck, M. Starke, A. Szczepanski, S. Zaumseil
Druck:	bd druckerei reiner dämmig

© 1. Auflage 2004 VbFF-Sachsen e. V.

ISBN 3-936064-08-3

Inhaltsverzeichnis

	Seite
Bodygard der Handelsleute	5
Karte der Handelsstraßen Sachsens	6
Die Wiege der Sachsen	8
Stadtluft macht frei	10
Wie ein Tropfen auf dem heißen Stein	13
Große Not durch den schwarzen Tod	15
Shopping im Mittelalter	18
Handel im Wandel	21
Zünftige Zeichen	23
Lehrjahre sind keine Herrenjahre	25
Auf der Walz	27
Wenn einer eine Reise tut	29
Alles Silber oder was?	31
Badespaß am Filzteich	33
Edelweiß und Schwarzwasser	36
Schauen, staunen, erleben	38
Der Rubel rollt	41
Action, Spaß und Nervenkitzel	43
Wunderdoktor oder Quacksalber	45
Königssohn mit Herz aus Stein	47
Auf den Spuren des weißen Kristalls	48
Frankenstraße	50
Vom Esel zur Pferdebahn	51
Kelche, Kannen, Krüge	53
„Waldenburgisches" Steinzeug	54
Eine Uhr für Liebhaber	56
Glück und Glas	57
Spinnen, weben, stricken	59
Quersackindianer	60
Johann Esche und seine Nachkommen	62

		Seite
	Via Regia	64
	Schlagbäume fallen	66
	Kleine Stadt mit riesigem Namen	68
	Das Treiben auf dem Striezelmarkt	70
	Als Wenzel paschen ging	73
	Blaue Schwerter	75
	Gut bekömmliches Gebäck	78
	Süße Arznei und Harry Potter	80
	Pfunds Molkerei	82
	Eine Reblaus im Elbtal	84
	Radeln entlang der Weinstraße	86
	Lausitzer Weber	88
	Königliche Tischwäsche	90
	Alte Bräuche sind mega in	92
	Via imperii	94
	Die Welt in einer Nuss	95
	Bücher in Fässern	98
	Bald ist wieder Jahrmarktszeit	100
	Kommen Sie näher, kommen Sie ran	102
	Geraubte Pferde	103
	Kunterbunt wie Kraut und Rüben	105
	Von der Schneckenpost zur E-Mail	107
	Grand Prix für einen Sachsen	109
	Brennende Erde	111
	Ratespiel	113
	Quellenverzeichnis	115

Bodygard der Handelsleute

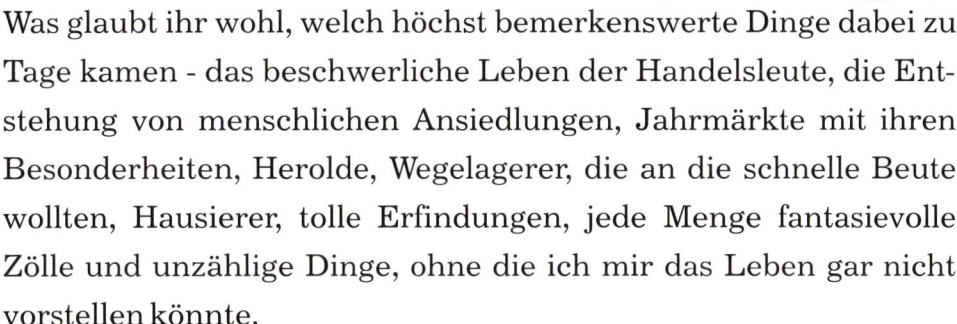

Stellt euch vor, ich heiße Nick. Staunt ihr? Mir gab der Vorname auch Rätsel auf, den Eltern jedenfalls gefiel er. Vor einiger Zeit war in meiner Familie Namensforschung angesagt, seither bin ich ein stolzer Nick. Das Ergebnis: Nick ist die Kurzform von Nikolaus, der galt seit jeher als Schutzpatron der Handelsleute. Die konnten ihn dringend brauchen, denn vor Jahrhunderten lebten sie auf Pfaden und Wegen mehr als gefährlich. Das Interesse war geweckt und schon bald stand der Entschluss fest, mich mit den sächsischen Handelsleuten, deren Straßen, Plätze, den Waren und Gepflogenheiten bekannt zu machen.

Was glaubt ihr wohl, welch höchst bemerkenswerte Dinge dabei zu Tage kamen - das beschwerliche Leben der Handelsleute, die Entstehung von menschlichen Ansiedlungen, Jahrmärkte mit ihren Besonderheiten, Herolde, Wegelagerer, die an die schnelle Beute wollten, Hausierer, tolle Erfindungen, jede Menge fantasievolle Zölle und unzählige Dinge, ohne die ich mir das Leben gar nicht vorstellen könnte.

Mich hat die Leselust gepackt, bin um vieles schlauer geworden, weiß die Bequemlichkeit des heutigen Lebens zu schätzen, staune dabei immer wieder über die Leistungen unserer Vorfahren.

Doch lest selbst!

Euer Nick

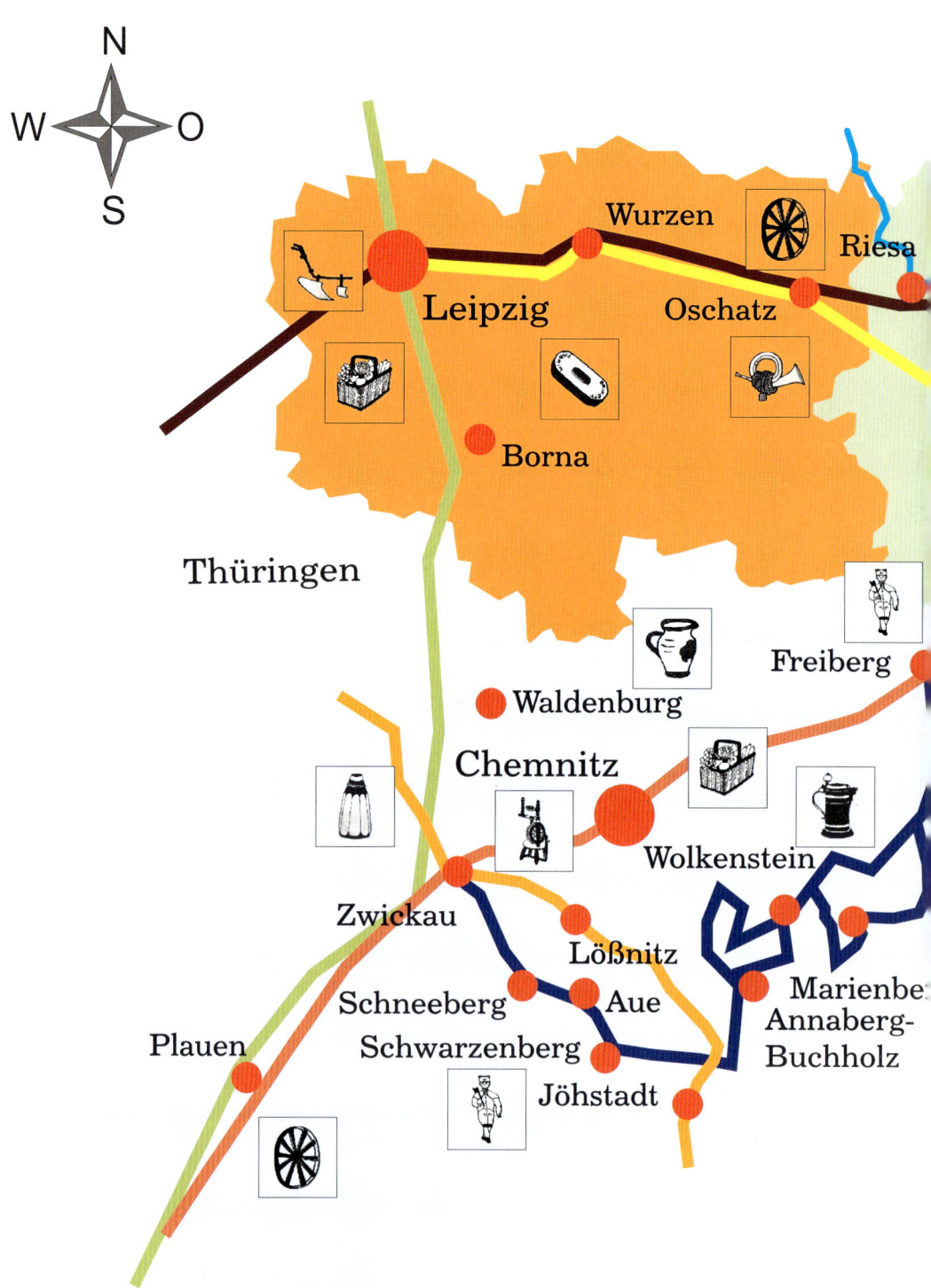

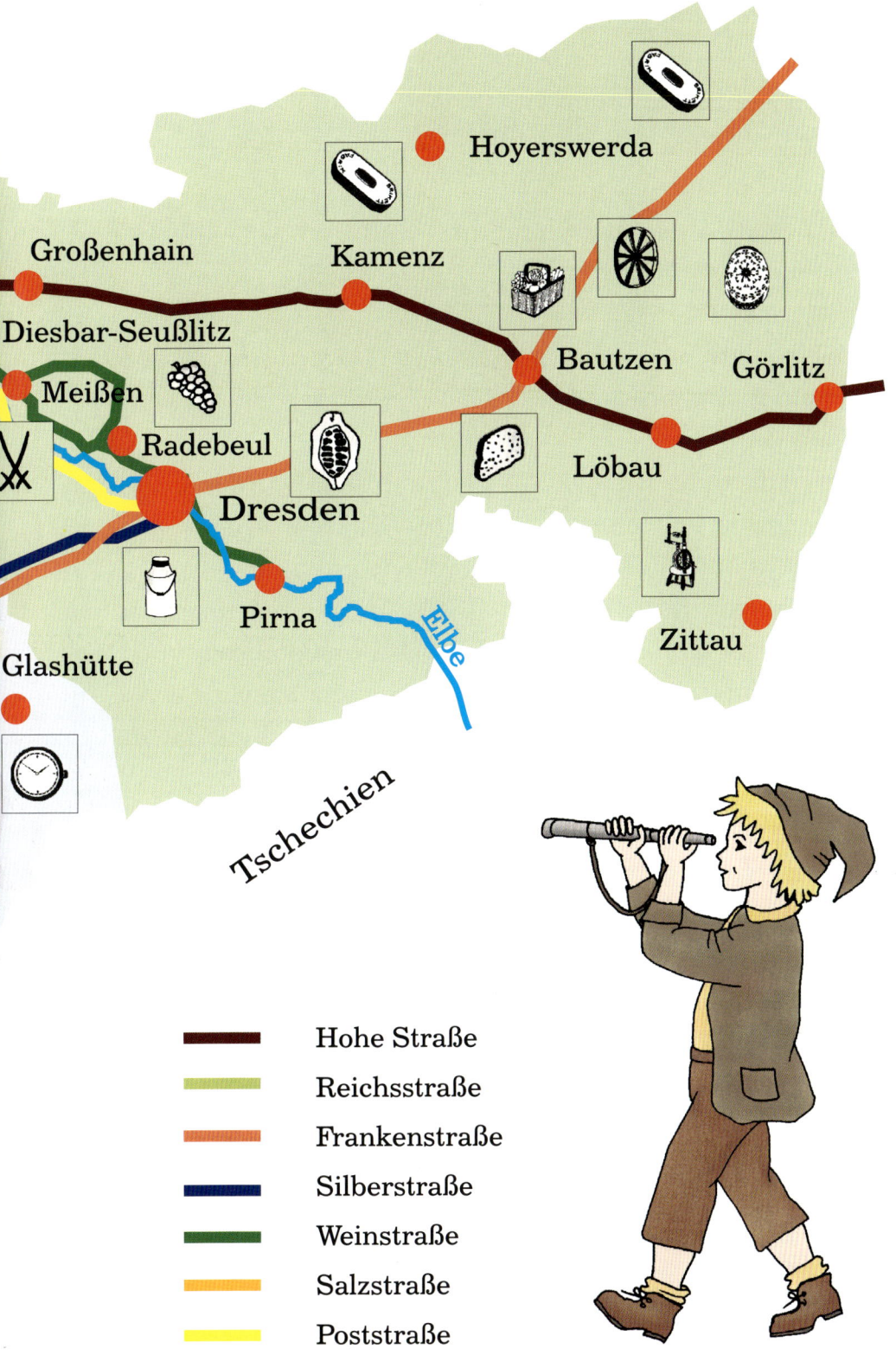

Die Wiege der Sachsen

Noch lange bevor man vom Land Sachsen sprach gab es auf unserem Gebiet einen riesigen Urwald. Wo jetzt eine Straßenbahn um die Ecke fährt jagten vor vielen tausend Jahren Menschen Bären und Wildpferde.

An den Ufern der Elbe bei Meißen und Riesa wurden die ersten Siedler sesshaft. Hier lebten Viehzüchter, Jäger und Sammler.

Wer aber waren die Sachsen und woher kamen sie? Ihre Wurzeln lagen nördlich der Elbe im heutigen Holstein. Einige Stämme ließen sich in Britannien nieder. Durch Piratenfahrten und Handelsbeziehungen kannten sie dieses Gebiet schon recht gut. Andere wanderten entlang der Elbe südwärts, um neues Land für sich zu erschließen.

Die Nachbarn benannten die Sachsen nach den einschneidigen Kurzschwertern, den „Sahs", deren Träger verstanden sich als „Schwertgenossen". Für sie galt es als Wahrzeichen und Symbol. Viele Germanen trugen diese verbreitete Waffe. Wissenschaftler meinen

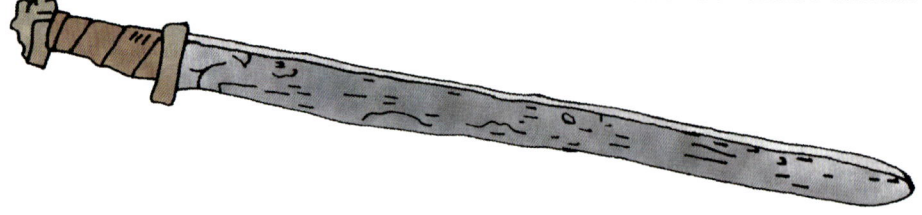

aber auch, dass der Name von „Sasse" abgeleitet wurde. Das bedeutet ansässiger, bodenständiger Mensch.

Mit dem Herzog Heinrich I. begann im 10. Jahrhundert ein neuer Abschnitt sächsischer Geschichte. Er schuf die Burg Meißen und baute eine Befestigungsanlage, die Soldaten bewachten. Sie wurde zum Hauptsitz des Herrschers. Seine Aufgabe sah Heinrich darin, die Ostgrenzen des Landes zwischen Saale und Elbe vor Feinden zu schützen. Neue Siedlungen, Städte und Gewerbe entstanden. Eine Hauptstadt gab es zu jener Zeit nicht. Der König reiste das ganze Jahr von Burg zu Burg, um seine herrschaftlichen Rechte zu sichern, zum Beispiel die Markt-, Zoll- und Münzrechte.

Im 11. Jahrhundert begann die Regentschaft des Adelsgeschlechts der Wettiner und sie währte über 800 Jahre in Mitteldeutschland.

Ihr besonders schönes Wappen ähnelt einem königlichen Umhang. Deshalb heißt es Mantelwappen.

Sachsen entwickelte sich über Jahrhunderte zu einer wirtschaftlich wichtigen Region Europas. Vor allem der Bergbau zog im 12. und 13. Jahrhundert viele Menschen aus Thüringen und Franken an.

Als 1422 Markgraf Friedrich der Streitbare das Land zugesprochen bekam, ging der Name Sachsen auf sein Stammland um Meißen über. Hier setzte er sich allerdings erst im 16. Jahrhundert durch.

In 1000 Jahren gelang den Menschen Sachsens ein wirtschaftliches und kulturelles Zentrum zu schaffen. Als starkes und unternehmungslustiges Völkchen sind sie bekannt.

Stadtluft macht frei

Habt ihr schon einmal darüber nachgedacht, wie unsere Städte entstanden sind?

Lang, lang ist es her und geschah nicht von heute auf morgen. Angefangen hat alles so:

Vor etwa 10000 Jahren errichteten Siedler fest gebaute Rundhütten und -häuser. Diese Wohnplätze befanden sich in der Nähe von Quellen, Flussläufen und Seen. Durch den Pflanzenanbau und die Tierhaltung konnten sie über Jahre hinweg an ein und demselben Ort leben.

Erst viele Jahre später, als das Bedürfnis erwachte, gegen Feinde gewappnet zu sein, wurden befestigte Plätze angelegt. Nach 929 ließen sich um die Königsgüter, Bischofssitze und Klöster Bauern sowie Handwerker nieder.

Diese Siedlungen entstanden meist in der Nähe von Burgen, welche zum wichtigen Mittelpunkt in jener Zeit wurden. Kaufleute, die ihre bewegliche Habe leicht durch Feinde verlieren konnten, suchten in ihnen Schutz. Hier kamen auch die Landesbewohner zusammen, um ihre Abgaben zu entrichten und Dienste zu leisten.

In den Festungen lebte der Adel. Sein anspruchsvoller Lebenswandel erforderte einen großen Bedarf an Waren. Der Marktbetrieb konnte sich voll entfalten. Diese besiedelten Plätze waren aber noch keine Städte. Erst die Ausdehnung des Handels trieb die Entwicklung voran. Immer mehr Gewerbetreibende kamen hinzu. Mit der Zeit begannen sie Häuser zu errichten. Die Siedlung wuchs an, ein großes Dorf bildete sich heraus. Der König

verlieh solchen Orten das Marktrecht, das heißt, sie standen unter seinem besonderen Schutz.

Kaufmannssiedlungen, Burgen und Fernstraßen waren Voraussetzungen für die Entstehung der Städte. Die ersten in Deutschland wurden im 11. und 12. Jahrhundert gegründet.

Natürlich sahen diese damals ganz anders aus als heute. Eine Mauer mit vielen Türmen und ein tiefer Graben umschlossen die gesamte Ansiedlung. Die Straßen waren sehr eng, selten gepflastert und unbeleuchtet. Wollten die Menschen abends aus dem Haus gehen, mussten sie eine Laterne mitnehmen. Es gab keine Kanalisation, Abfälle und Unrat lagen überall. Nicht selten liefen Schweine grunzend durch die Gassen und suhlten sich im Schlamm. Hühner pickten auf der Suche nach Futter im Straßenstaub. Krankheiten und Seuchen breiteten sich unter den Stadtbewohnern rasend schnell aus. Eine davon war die Pest.

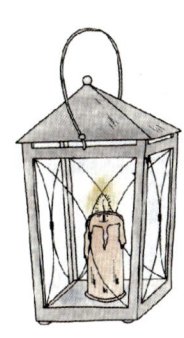

Die Häuser wurden aus Lehm und Holz erbaut, sie standen eng aneinander. Nur wenige Bürger, die es sich leisten konnten, genossen den Luxus, in Steinbauten zu leben. Durch die winzig kleinen Fenster drang kaum Licht. Sie wurden durch milchfarbene Gehänge verschlossen, welche seltsam aussahen. Hättet ihr gedacht, dass gegerbte Ziegenhaut dazu diente Wind, Kälte und Staub fern zu halten?

Später erhielten sie kleine Glasscherben, so genannte Butzenscheiben.

Eine Heizung, wie wir sie heute kennen, gab es zur damaligen Zeit nicht. Lediglich ein Holzfeuer auf offener

Herdstelle stand für die Zubereitung von Mahlzeiten zur Verfügung. Durch ein Loch in der Decke konnte der Rauch abziehen.

Häufig kam es zu Bränden, da die Dächer der mittelalterlichen Häuser mit Stroh oder Holzschindeln versehen wurden.

Handwerker und Kaufleute, aber auch viele Hörige bevölkerten die Städte. Diese leibeigenen Bauern flüchteten vor der Ausbeutung vom Lande hierher. Forderte der Grundherr die Auswanderer nach einem Jahr nicht zurück, waren sie frei.

Die Herrscher hatten bald bemerkt, dass die Entwicklung eines Marktes zur Stadt viele wirtschaftliche Vorteile für die Region brachte. Auf diese Weise konnten sie ihre Reichtümer ständig vermehren.

In den kleineren Gebieten lebten etwa 1000 bis 2000 Bürger. Ein Ort mit über 10000 Bewohnern galt als „Großstadt".

Vergleicht doch diese Angaben einmal mit den Zahlen von Dresden, Leipzig oder Chemnitz.

Wie ein Tropfen auf dem heißen Stein

Naturkatastrophen, Seuchen und Hungersnöte bedrohten die Existenz vieler Menschen im Mittelalter. Hinzu kamen verheerende Brände, welche durch Blitzschlag, ungenügenden Feuerschutz oder vorsätzliches Anzünden verursacht wurden. Unsere Vorfahren errichteten ihre Häuser überwiegend aus Holz. Deshalb wuchs die Feuergefahr beträchtlich.

Beim Läuten der Feuerglocke gerieten alle Bürger in Aufruhr. Chaos brach aus. Anwohner, beladen mit dem kargen Hausrat den sie gerettet hatten, rannten ziellos umher. Kinder irrten schreiend durch die Gegend auf der Suche nach ihren Eltern. Heftiger Wind fachte den Brandherd an. Lichterloh schossen Flammen empor. In rasender Geschwindigkeit verbreitete sich die Brunst. Aus großer Entfernung wurde das rettende Wasser zum Löschen herangeschafft. Mit geflickten Ledereimern transportierte man das kostbare Nass. Diese Bekämpfung war allerdings nur ein Tropfen auf dem heißen Stein. Verzweifelt mussten 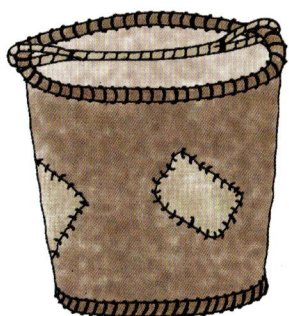 die Menschen ansehen, wie alles in Schutt und Asche zerfiel.

Im 14. Jahrhundert wurde so Chemnitz mehrmals durch große Brände verwüstet. Mühevoll unter Aufopferung aller Kräfte bauten fleißige Bewohner ihre Stadt immer wieder auf.

Der Rat erließ 1352 die erste Feuer- und Bauordnung. Sie besagte, dass Häuser am vorderen und hinteren Giebel einen Lehmanstrich erhalten sollten, um Schäden einzudämmen. Das Verkleiden der Gebäude mit Schindeln und Brettern war tabu. Alle Bürger wurden verpflichtet, ausbrechendes Feuer sofort zu melden und zu bekämpfen. Bei Nichteinhaltung drohten hohe Geldstrafen.

Verschiedene Gewerbe wie Schmiede, Böttcher und Bäcker lagerten viele leicht entzündbare Materialien, welche große

Sicherheitsrisiken darstellten. Ende des 15. Jahrhunderts mussten die Bäcker ihre Arbeitsräume aus Stein errichten. Verstöße gegen diese Vorschrift hatten eine Verlagerung des Handwerks in die Vorstadt zur Folge.

1631 vernichtete ein gewaltiges Feuer nicht nur 300 Häuser, sondern auch neun Scheunen und damit die gesamten Getreidevorräte der Stadt. Die Bevölkerung hatte nun zusätzlich unter Nahrungsmangel zu leiden.

Weitere wichtige Vorbeugemaßnahmen traf der Rat, indem er Feuerspritzen anschaffte. Brandmauern sollten die Häuser sichern. Das „Tabaktrinken" in Privathäusern und öffentlichen Lokalen wurde verboten, da dies eine zusätzliche Gefahr bedeutet.

Heute stehen uns zur Feuerbekämpfung hochmoderne Löschzüge zur Verfügung, aber dennoch kommt es immer wieder zu sehr großen Schäden. Denkt nur an die riesigen Waldbrände, welche den Lebensraum von Mensch und Tier vernichten. Durch Achtsamkeit kann jeder mithelfen Schreckliches zu verhindern.

Unterlasst leichtsinniges Zündeln, denn schon ein kleiner Funken kann mächtiges Unheil anrichten.

Große Not durch den schwarzen Tod

Man schrieb das Jahr 1347. In der sizilianischen Stadt Messina gingen genuesische Schiffe vor Anker. Sie brachten nicht nur wichtige Handelswaren an Land, sondern auch eine geheimnisvolle Seuche. Fernhändler und Reisende schleppten diese ansteckende Krankheit in die entlegendsten Gebiete. Die Pest, auch schwarzer Tod genannt, hielt Einzug.
Mattigkeit, Gliederschmerzen, Erbrechen, Schwindel und Durst waren erste Anzeichen. Neben geschwollener Zunge und Fieber kamen schwarze brandige Beulen hinzu, welche den ganzen Körper bedeckten. Das große Sterben begann.
Als Ursache vermutete man die unterschiedlichsten Dinge. Manche glaubten an vergiftete Brunnen. Andere wiederum bildeten sich ein, der Teufel oder Hexen seien für das Unheil verantwortlich. Keiner wusste, dass die Seuche durch den Biss von Rattenflöhen übertragen wurde und schnell zum Tod führte.

Die Ausbreitung der Krankheit war auch auf mangelnde Hygiene zurückzuführen. Unrat, Müll und Mist lagerten vor den Türen. Jauche floss aus den Ställen in die Gassen. Die Bewohner verrichteten ihre Notdurft meist im Freien oder entleerten das Nachtgeschirr aus den Fenstern ihrer Häuser. Mächtiger Gestank lag in der Luft. Diese Zustände trugen wesentlich dazu bei, dass sich Ungeziefer und Ratten geschwind vermehren konnten.
Aus Furcht vor der Krankheit verließen viele Menschen, den Erreger schon in sich tragend, ihr Heim und flohen in entfernte

Gegenden. Einige gingen nicht mehr aus dem Haus, verriegelten alle Türen und Fenster. Die Straßen waren wie ausgestorben. Angst und Schrecken verbreiteten sich.

Mit Verordnungen und Maßnahmen wurde versucht der Seuche entgegenzuwirken. Von der Pest befallene Häuser kennzeichnete man durch Fahnen oder ein Kreuz an der Tür. Gebäude, in denen Tote zu beklagen waren, mussten mit Kräutern ausgeräuchert, Kleider und Gegenstände der Erkrankten verbrannt oder vergraben werden. Doch nicht jeder befolgte diese Vorschriften, weil ein Möbelstück unentbehrlich, der Pelz zu kostbar oder Kleidungsstücke noch neu waren.

Große Probleme bereitete die Beseitigung der vielen Verstorbenen, welche überall herumlagen. Mit hölzernen Karren brachte man die gefährliche Fracht schnellstmöglich fort, da die Begräbnisstätten in den Gemeinden nicht mehr ausreichten.

Während der großen Epidemien wurden in abgelegenen Gebieten gesonderte Pestacker angelegt. Eine Bruchsteinmauer diente als Schutz. Damit sollte verhindert werden, dass umherstreunende Tiere die Toten wieder ausgruben.

In diesen schweren Zeiten kam der Handel fast zum Stillstand. Kaufleute mieden verseuchte Ortschaften, Handelsverbote führten zu Absatzproblemen. Das reife Getreide konnte nicht mehr geerntet werden, da zahlreiche Landbewohner dem schwarzen Tod erlagen. Viel Zeit verstrich bis die Menschen wieder in den geregelten Alltag zurückfanden.

1406 wütete die Pest zum ersten Mal in Chemnitz. Allein im Jahre 1505 forderte sie etwa 1600 Opfer.

Stadtarzt Georgius Agricola beschäftigte sich intensiv mit der Seuche. Er veranlasste die Unterbringung von Erkrankten in einem Lazarett außerhalb der Stadtmauern. Infizierte isolierte man, um eine weitere Ausbreitung einzudämmen. Kurz vor seinem Tod verfasste er eine Pestschrift, in welcher der Gelehrte auf Entstehung, Ursachen und Behandlung der Krankheit einging. Wenn ihr mehr über ihn wissen möchtet, dann lest im Buch „Kennt ihr berühmte Sachsen?" nach.

Der Pestbazillus wurde erst 1894 nachgewiesen. Ein wirksames Mittel gegen die Krankheit gibt es seit 1932.

Immer wieder werden Mediziner mit unbekannten Erregern konfrontiert. Heute ist es die Lungenkrankheit SARS, die sich rasend schnell über den Erdball verbreitet und Wissenschaftler vor neue Aufgaben stellt.

Mit welchen Viren müssen wir uns wohl in Zukunft auseinander setzen?

Shopping im Mittelalter

Wisst ihr, wie es vor Hunderten von Jahren auf dem Markt zuging? Kommt mit zum Shoppen ins Mittelalter.

Märkte gab es überall dort, wo zahlreiche Menschen sesshaft waren und eine Menge Erzeugnisse benötigt wurden. Kaufleute, Handwerker und Bauern tauschten oder verkauften hier regelmäßig ihre Waren.

Bevor das geschehen konnte, mussten Händler und auch Käufer über den Ort, die Zeit und die Art des Warenangebotes in Kenntnis gesetzt werden. Im Mittelalter erfolgte dies durch Ausrufer, Reisende oder Aushänge. Heute ist es natürlich viel einfacher. Durch die Medien werden sehr schnell eine Menge wichtiger Informationen verbreitet.

In fast jeder Stadt gab es Märkte, welche mit einem Glockengeläut begannen. Anfangs fand der Handel einmal, später zweimal wöchentlich statt. Es herrschte ein totales Gedränge. Frauen, Männer, Burschen, Mädchen, Stadtmenschen und Dorfleute liefen umher. Das eigene Wort war kaum zu verstehen. Alle redeten, schrien, feilschten und schimpften durcheinander.

Der Markt bestand aus mehreren Teilen. Auf der einen Seite des Platzes standen in langen Reihen hölzerne Buden. Hier boten Händler und Handwerker ihre Produkte an. Alle möglichen Dinge waren zu bekommen: Seile, Tongeschirr, Wagenräder, Lederzeug, eiserne und kupferne Geräte sowie Werkzeuge. Die andere Marktseite wurde von Bauern, die aus der Umgebung stammten, in Besitz genommen. Mit Karren und Körben reisten sie an. Ochsen, Kälber, Schafe konnten erstanden werden.

Auch Feld- und Gartenfrüchte, dicke Milch, Hühner, Eier, Honig, Viehhäute, Kienspäne, Schuhe aus Stroh, Schafwolle, Leingarn und etliches mehr waren zu haben. Viele Käufer hatten dieses und jenes an den Waren auszusetzen und versuchten so die Preise herunterzuhandeln.

Unheimlich interessant war es auf so einem Markt. Der Böttcher, welcher für den Bischof Weinfässer herstellte, stand hinter Wannen, Kübeln, Tonnen und Eimern. Schneider hockten mit gekreuzten Beinen zwischen allerlei Kleidungsstücken auf den Tischen ihrer Buden. Sie stichelten fleißig mit Nadel und Faden. Weber handelten mit schwarzen Tuchen, Tischler mit Leitern, Truhen, Bänken und Armstühlen. Die Verkaufstische der Fleischer waren vollgefüllt mit Haxen, Schinken, Würsten, Speck, Rippenstücken und vielen anderen leckeren Sachen.

An Kundschaft mangelte es wirklich nicht. Natürlich standen da auch viele Gaffer, die sich nur informierten. Sie kamen um das Angebot zu beschauen und Preise zu vergleichen. Niemand wollte sich übers Ohr hauen lassen und gar die Katze im Sack kaufen.

Für den Handelsplatz benötigte man ein zuverlässiges und verbindliches Gewicht. Eine Waage wurde eingerichtet. Auf diese Weise ließ sich Streit beim Handeln vermeiden. Jeder konnte seine Waren nachwiegen lassen.

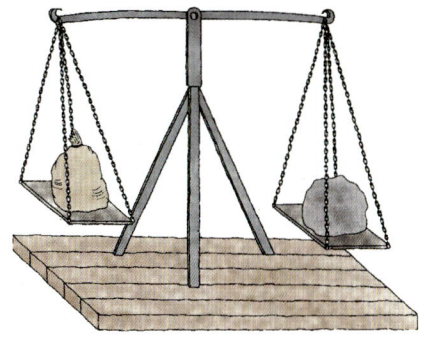

Von besonderer Bedeutung war die Marktordnung. Sie regelte den störungsfreien Ablauf und legte fest, welches Handelsgut an den Ständen

verkauft werden durfte. Die Händler, die Waren zum Verzehr anpriesen, sollten nebeneinander stehen. Für den Marktmeister blieb damit die Übersichtlichkeit des bunten Treibens gewahrt. Seine Aufgaben bestanden darin, das Standgeld zu erheben und die Standscheine zu verteilen. Für die Sauberkeit sorgten die Gassenkehrer.

Wurde man sich einmal nicht einig und kam es zu Streit, schlichtete der Marktaufseher das Geschehen. Zwischenfälle wie diese waren keine Seltenheit:

„*Zwei zanksüchtige Weiber sind auf Anordnung der Richter auf den Markt zu bringen und im Narrenhäuschen öffentlich zur Schau zu stellen. Er holt sie aus dem „Hundeloch", dem Peniger Gefängnis, nimmt ihnen die Fesseln ab, hängt ihnen den Schandstein um, gibt*  *sie dann dem Spott des sich rasch versammelnden Publikums preis. Und dieses spart auch nicht mit derben Worten und lautem Gelächter. Zwei zanksüchtige Weiber im Narrenhäuschen, das ist für viele Peniger eine willkommene Abwechslung im trägen Gang der Alltagsgeschäfte, fast so willkommen wie eine Truppe Gaukler oder Seiltänzer."*

Könntet ihr euch vorstellen, dass diese Strafe heute wieder eingeführt wird? Sicher wäre es für den einen oder anderen von euch recht peinlich, von allen Seiten mit unintelligenten Sprüchen belegt zu werden.

Handel im Wandel

Gefeilscht und gehandelt hat sicher jeder schon einmal. Ein Freund besitzt etwas, was du gern willst und umgekehrt. Also wird getauscht, Ware gegen Ware. Dieser Tauschhandel war bis ins 12. Jahrhundert hinein üblich. Erst danach wurde Geld zum Bezahlen eingeführt.

Krämer schlossen sich in Gilden zusammen, in denen es verschiedene Vorschriften für den Umgang miteinander gab. So durfte niemand einen Kunden vom Stand eines weiteren Gildebruders weglocken, um ihm seine Produkte anzupreisen. Die Waren eines anderen vor dem Käufer schlecht zu machen war ein schweres Vergehen.

Nur wer Mitglied in dieser Organisation war durfte in der Stadt Handel treiben. Die Krämer verkauften Rosinen, Mandeln, Wein, Leinen, billigen Schmuck, Kurzwaren und einige Lebensmittel. Sie hatten meist einen festen Verkaufsplatz im eigenen Haus.

Auch auf Märkten und Jahrmärkten boten sie ihre Waren an. Einige fuhren von einem Ort zum anderen um Geschäfte zu machen. Dort erfolgte der Verkauf gleich vom Karren oder Lasttier.

Mit dem Wachsen der Städte spezialisierte sich der Kleinhandel auf bestimmte Erzeugnisse. Die Berufsbezeichnungen klangen ganz lustig. So gab es Butterleute, Tuchgewänder, Obster, Eier-, Korn-, Mehlmann, Käs-, Seiden-, Feder- und Würzkramer.

Einige Waren handelte man auf kleinen speziellen Märkten, an die noch heute Namen wie Korn-, Salz- oder Getreidemarkt erinnern.

Es wurde nicht nur verkauft, sondern auch angekauft. Das übernahmen die Trödler. Sie handelten mit gebrauchter Kleidung, Hüten, Kleinmöbeln und Alteisen.

Scherenschleifer, Glaser, Korbflechter, Kaminkehrer und Rattenfänger zogen übers Land, um ihre Dienste anzubieten. Diese machten sich durch lautes Rufen, Läuten einer Glocke, mit Singen oder einem Musikinstrument bemerkbar. Meist wurden sie schon von den Leuten erwartet.

Mit ihren Bauchläden gingen die Hausierer von einer Tür zur anderen. Zum Angebot gehörten Hosenträger, Schnürsenkel, selbst hergestellte Bürsten, Bänder und Kämme. Meist waren sie nicht so willkommen. An einigen Eingängen konnte man lesen: „Betteln und Hausieren verboten".

Es kam vereinzelt vor, dass Kaufleute versuchten ihre Kunden übers Ohr zu hauen. Das Gewicht war zu leicht oder die Elle zu kurz. Dabei durften sie sich natürlich nicht erwischen lassen, denn so ein Verhalten schädigte die Berufsehre und zog Strafe nach sich.

Bei den Lebensmittelhändlern erfolgte eine besonders strenge Kontrolle. Auf Qualität wurde großer Wert gelegt. In einigen Städten war es deshalb streng verboten Fisch vom Vortag zu verkaufen. Nicht mehr frische Waren mussten besonders gekennzeichnet sein. Kommt euch das bekannt vor?

Heute sind die Einkaufsmöglichkeiten vielfältig. Einige gehen in den Supermarkt, andere lassen sich die Produkte nach Hause liefern. Und wer cool ist bestellt im Internet.

Zünftige Zeichen

Mit Beginn des 12. Jahrhunderts schlossen sich Handwerker eines Berufes in Zünften zusammen, um sich gegenseitig Schutz und Hilfe zu bieten. Es war üblich, dass sie bestimmte Ortsviertel gemeinsam bewohnten. Werkstatt und Wohnung befanden sich unter einem Dach. Noch heute erinnern Straßennamen daran, zum Beispiel Weber-, Töpfer- oder Fleischergasse.

Die einzelnen Vereinigungen unterschieden sich äußerlich durch Fahnen, Abzeichen und Wappen. Alle darin Organisierten hielten fest zusammen, sie feierten „zünftige" Feste. Heutzutage ist dafür Party angesagt.

Die Innung half ihren Mitgliedern in schwierigen Situationen. Die Zunft stellte aber auch Forderungen. Sie verlangte unbedingte Qualitätsarbeit. Fertigte ein Handwerker schlechte Waren, so wurde er bestraft. Änderte sich nichts, erfolgte der Ausschluss aus der Gemeinschaft. Das bedeutete für ihn Berufsverbot.

Der Stolz jeder Innung war die Handwerkslade, eine verzierte Truhe, die zu jeder Versammlung geöffnet wurde. Zu solch einem Treffen erfolgte unter anderem Aufnahme und Freispruch der Lehrlinge oder Neuaufnahme eines Meisters, auch Strafen sprach man aus. In diesem Behältnis befanden sich Urkunden und Mitgliederkarteien. Die Zusammenkunft endete mit dem Schließen der Lade.

Unehrliche Gewerbe durften sich in keiner Zunft zusammenfinden. Dazu gehörten Hirten, Richter, Henker, Stadtknechte und Gerichtsdiener. Kaum vorstellbar, denn ein Richter ist heute eine angesehene Persönlichkeit.

Das sind die häufigsten Zunftzeichen.

Wer aufmerksam durch die Straßen geht, kann bestimmt eines entdecken.

Metallgewerke
Schmiede
Nadler, Drahtzieher
Schlosser
Goldschmiede

Holzgewerke
Böttcher
Zimmermann / Tischler
Bootsbauer
Wagner

Lebensmittelgewerke
Bäcker
Müller
Fleischer
Winzer
Imker

Sonstige Gewerke
Schuster
Kürschner
Weber
Schneider

Lehrjahre sind keine Herrenjahre

Die Schulzeit war endlich vorbei. Nun konnte sich jeder Junge für einen Beruf entscheiden und zu einem Meister in die Lehre gehen. Diese dauerte drei bis fünf Jahre. Mädchen waren von einer Ausbildung ausgeschlossen. Ist das nicht ungerecht? Die Zunft entschied über die Länge der Ausbildungszeit, die Höhe des Lehrgeldes und stellte noch andere Bedingungen. So musste der zukünftige Lehrling geloben die Lehre nicht abzubrechen, ehrlich, fleißig, gehorsam und gottesfürchtig zu sein. Der Vater hingegen war zur Zahlung verpflichtet, welche je nach Handwerk unterschiedlich ausfiel. Konnte er die geforderte Summe nicht ganz aufbringen, wurde die Lehrzeit verlängert. Von Seiten der Eltern waren noch ein bis zwei Bürgen zu benennen, welche mit zehn bis achtundzwanzig Gulden garantieren sollten, dass der Knabe die Flinte nicht vorzeitig ins Korn warf. Passierte es doch, bekam der Lehrherr das Geld.

Nun begann der Ernst des Lebens und der Jugendliche zog in das Haus des Meisters. Dieser übernahm die väterlichen Rechte und Pflichten und bestimmte so den gesamten Tagesablauf. Der Bursche bekam eine Kammer unter dem Dach zugewiesen, in der Bett, Tisch, Stuhl und Schrank standen. Das sollte für viele Jahre sein neues Zuhause sein.

Der Lehrling erhielt nur das, was unbedingt nötig war, wie Kleidung und Essen.

Wenn die Frau Meisterin das Mittagessen verteilte, bekam erst die Familie, dann der Geselle und zuletzt der Lehrbub seine Schüssel gefüllt. Viel blieb für ihn nicht übrig. Von einem Taschengeld konnte er auch nur träumen.

Der Arbeitstag dauerte meist von 6 bis 20 Uhr. Freizeit gab es kaum. Der Junge musste auch Tätigkeiten ausführen, die nichts mit dem Handwerk zu tun hatten. So versorgte er die Haustiere, arbeitete im Garten oder auf dem Feld.

Kam er seinen Pflichten nicht nach oder war der Meister schlecht gelaunt, machte es klatsch und alle fünf Finger landeten auf seinem Körper. Das tat weh! Aber wem sollte er sein Leid klagen?

Also machte er sich heimlich auf die Socken und lief viele Kilometer nach Hause. Die Hoffnung auf Trost und Essen bei den Eltern erfüllte sich leider nicht. Was tat sein strenger Vater? Er sagte nur „Lehrjahre sind keine Herrenjahre", nahm den Ausreißer an die Hand und brachte ihn mit leerem Magen zum Lehrmeister zurück.

Doch auch die härteste Zeit ging vorüber, in der trotzdem vieles erlernt wurde. Der Augenblick war gekommen mit dem Gesellenstück zu beginnen. Fiel es zur Zufriedenheit des Meisters aus, erhielt der junge Mann den Lehrbrief. Somit wurde der Lehrling „freigesprochen", das heißt aus der Lehre entlassen.

Auf der Walz

Nach der Lehre arbeitete der frisch gebackene Geselle noch einige Zeit bei seinem ehemaligen Lehrherrn. Dann zog es ihn hinaus in die Ferne und er begab sich auf Wanderschaft, auch Walz genannt. Er freute sich nach den Jahren im Haus des Meisters auf die neue Freiheit und konnte endlich selbst über sich bestimmen. Die erste eigene Entscheidung war in welche Richtung marschiert werden sollte. Die Verabschiedung von den Eltern fiel doch schwer, denn eine lange Zeit der Trennung stand bevor. Die Reisezeit war ab Mitte des 15. Jahrhunderts Pflicht, betrug in der Regel drei Jahre und einen Tag. Als Ausweis diente die so genannte Kundschaft, sie enthielt die persönlichen Daten, Beruf und alle Aufenthaltsorte des Wanderers.

Nun galt es das Gelernte anzuwenden und neue Erfahrungen zu sammeln. Wer nicht viel vom Wandern hielt blieb in der näheren Umgebung. Er durfte aber seinem Heimatort nicht näher als 50 Kilometer kommen. Das Ziel musste zu Fuß oder per Anhalter erreicht werden, denn die Benutzung öffentlicher Verkehrsmittel war nicht erlaubt. Unterwegs übernachtete der Wanderbursche in Handwerksherbergen oder bei schönem Wetter auch mal im Heuschober. Auf seinem Weg fand sich endlich ein Meister seiner Zunft. Hatte dieser keine Arbeit für den Reisenden, so war er doch

verpflichtet dem Wanderer für eine Nacht Kost und Logis anzubieten. Allerdings sollte der Gast am nächsten Morgen weiter ziehen. Sobald der neue Tag erwachte, begann die Arbeitssuche von neuem. In einem anderen Ort klappte es endlich mit dem Job auf Zeit. Der Junggeselle konnte gleich bei seinem Brötchengeber

wohnen und bekam ein Bett mit Strohsack und einer Decke. Jetzt hatte er für einige Wochen ein Dach über dem Kopf und bekam Lohn für seine Arbeit. Mit Handschlag wurde der Vertrag besiegelt. Ein Arbeitstag war lang, hart und dauerte meist von Sonnenauf- bis -untergang.

Hin und wieder saßen die Gesellen in der Herberge oder Schänke in gemütlicher Runde zusammen. Sie pokerten und zockten. Um Geld zu spielen war aber untersagt. Ob sie sich auch daran hielten?

War der Auftrag des Meisters erledigt zog er weiter, traf unterwegs andere Gesellen. Gemeinsam suchten diese eine neue Anstellung. Manchmal mussten sie wochenlang durchs Land ziehen ohne Erfolg. Das machte die Wanderschaft so abenteuerlich.

War die Reisezeit vorbei, begab sich jeder in Richtung Heimat. Damit wurde eine wichtige Voraussetzung erfüllt, um Meister zu werden.

Auch heute wird die Tradition des Wanderns fortgesetzt und man kann wieder ab und zu Tippelbrüder treffen, die unter 30 Jahre alt sind, ledig, deutsch sprechen, die Lehre abgeschlossen und keine Schulden haben.

Besonders auffallend ist die Kluft der Zimmerer, die aus einem schwarzen Manchesteranzug mit Weste und großem breitrandigen Schlapphut besteht. Habt ihr so einen schon gesehen? Zur wichtigen Ausstattung gehört das Wanderbuch. Aber denkt nicht darin stehen Geschichten. Es dient als Nachweis, dass der Geselle in seinem Heimatort „fremdgeschrieben" ist, das heißt, sich auf der Walz befindet.

Ihr macht euch doch schon Gedanken, wie eure Zukunft aussehen könnte. Wie wäre es mit einem Auslandsaufenthalt nach der Schule oder Lehre?

Wenn einer eine Reise tut

... dann kann er was erleben. Früher war das Reisen beschwerlich und voller Abenteuer. Nur so zum Vergnügen zog niemand durchs Land. Kühn und wagemutig musste ein Fernkaufmann sein, denn ihm winkten nicht nur hohe Gewinne. Der Handel mit fremdländischen Erzeugnissen brachte auch ein großes Risiko mit sich. Weite Entfernungen wurden zurückgelegt, um Luxusgüter, seltene Gewürze und wertvolle Tuche zu erstehen. Derartige Produkte waren sehr kostbar und bei den Kunden besonders begehrt.

Wer allein durchs Land reiste, kam meist nicht weit. Die Wege führten durch öde Wälder, sumpfige Täler und über raue Gebirge. Räuberbanden und gemeine Wegelagerer versteckten sich in Schluchten oder lauerten im Dickicht. Dieses Gesindel hatte leichtes Spiel an die Waren des Geschäftstreibenden zu gelangen. Burgen, welche sich nahe der Handelsstraßen befanden, dienten dem Kaufherren als Herberge. Doch nicht immer boten ihm diese Mauern Schutz. Der eine oder andere Herrscher schielte gierig nach Pferd und Karren des Reisenden.

Hin und wieder geschah es, dass der Kaufmann mit seinem Wagen im tiefen Morast stecken blieb oder wegen eines gebrochenen Rades seine Reise nicht fortsetzen konnte.

Um Unannehmlichkeiten zu vermeiden, schlossen sich Handelsleute zusammen und legten die Wegstrecke gemeinsam zurück. Im 14. Jahrhundert begannen die Landesherren ein Geleitwesen einzuführen. Für ein gewisses Entgelt wurden die Fuhrwerke von bewaffneten Landsknechten begleitet. Die Forderung von Zöllen an den Landesgrenzen verteuerte zusätzlich enorm den Transport.

Ein weiteres Problem ergab sich aus den unterschiedlichen Maßen, Gewichten und Währungen.

Nicht jeder konnte auf Geschäftsreise gehen. Fernhändler mussten über gutes Wissen verfügen, eine Vielzahl von Sprachen beherrschen, Sitten und Bräuche der Regionen kennen. Ihr Aufgabenbereich beinhaltete das Aufrechterhalten guter Einkaufsbeziehungen, Knüpfen neuer Verbindungen und Prüfen auserwählter Waren. Wurde der Handelsmann vor Abschluss seiner Geschäfte von Schnee und Eis überrascht, verbrachte er den Winter in der Fremde. Dadurch ging kostbare Zeit verloren, manch geplante Fahrt fiel ins Wasser.

Sachsen beteiligte sich rege am Fernhandel. Im 16. Jahrhundert wurden die beliebten Tongefäße aus Waldenburg nach Venedig und Amsterdam gebracht, von dort aus über die Meere in alle Himmelsrichtungen verbreitet. Auch sächsische Tuche fanden in großen Mengen lebhaften Absatz auf den Märkten südlicher Länder.

Ein jeder war froh, wenn er unbeschadet nach langer Reise seine Heimat wieder erreichte. Freudig empfingen Stadtherren und Angehörige die fahrenden Handelsleute. Was hatten sie wohl dieses Mal für außergewöhnliche Gegenstände in ihrem Gepäck?

Alles Silber oder was?

Wie ein Band zieht sich quer von West- nach Ostsachsen die Silberstraße. Traditionsreiche Städte und Gemeinden liegen an ihr. Die etwa 230 Kilometer lange Route beginnt in Zwickau, führt weiter über Schneeberg, Aue, Schwarzenberg, Annaberg-Buchholz, Wolkenstein, Marienberg, Freiberg und endet in Dresden.

Neben Tuchweberei war es vor allem der Bergbau, der Menschen in dieser Region wohlhabend machte.

Als 1470 am Schneeberg Silberlagerstätten entdeckt wurden, führte man das Silbererz den Zwickauer Schmelzhütten zu.

So bürgerte sich schon frühzeitig dieser Straßenname ein.

Eine weitere Strecke ist mit dem Silber des Erzgebirges eng verbunden. Auf ihr wurde das in den Münzstätten der Bergstädte geprägte Silber zur Landesherrschaft nach Dresden transportiert.

Der alte Spruch „Alles kommt vom Bergwerk her" hat 500 Jahre nach Beginn des Abbaus der einst reichhaltigen Vorkommen seine Berechtigung.

Das Erzgebirge, eine bedeutende Bergbauregion Deutschlands, beeinflusst heute noch viele Lebensbereiche. So erweist sich die Pflege bergbaulicher Bräuche zunehmend als Touristenmagnet. Die Silberstraße präsentiert sich mit reichen Kunstschätzen, Kirchen, Domen und Bergparaden.

Alljährlich werden in den sächsischen Orten Feste gefeiert. In Schaubergwerken und Museen gibt es vieles zu bestaunen.

Erlebbar nicht nur zur Weihnachtszeit sind für Gäste die einzigartige Holzkunst und Spielzeugherstellung, einmalig auch die Handwerkstechniken wie Reifendrehen, Spanbäumchenstechen, das Drechseln von Engeln, Nussknackern, Räuchermännchen und Pyramiden. Die Silberstraße gibt auf Teilstrecken auch dem Radfahrer und Wanderer die Möglichkeit, dieses größte Freilichtmuseum der Welt kennen zu lernen.

Zur Erhaltung der Natur dienen viele Landschaftsschutzgebiete. Die Silberstraße berührt auf ihrer Strecke die Talsperren Eibenstock, Saidenbach, das Greifensteingebiet und den Tharandter Wald. Nicht nur Erzlager bildeten sich, sondern auch Spalten, aus denen heilkräftige Wasser an die Oberfläche traten.

So entstanden die Thermalbäder Warmbad und Wiesenbad sowie das Radiumbad in Schlema. Seid ihr schon im größten Erlebnisbad Sachsens, dem Aqua Marien, abgetaucht?

Jedes Jahr laden Museen und Schaubergwerke zur Museumstour an der ersten Ferienstraße Sachsens ein, um das Brauchtum der Region zu erleben.

Mit einem Ausweis ausgestattet geht es auf Erkundungstour. Unter anderem erhält jeder einen Einblick in die original erzgebirgische Volkskunst und Untertagewelt der Bergleute. Zur Auswahl stehen 60 Museen.

Wer davon 10 besucht und sich dies abstempeln lässt, bekommt als Dankeschön eine eigens für diesen Zweck in geringer Auflage geprägte Münze, den „Silberling". Der Ruf des Bergmanns „Glück Auf" ist der Willkommensgruß.

Badespaß am Filzteich

Auf der Silberstraße gelangt man von Zwickau über die Orte Wilkau-Haßlau, Wiesenburg und Weißbach nach Schneeberg. Seinen Namen hat der Ort zweifellos von dem ihn beherrschenden Berg, der am längsten mit Schnee bedeckt war.

Die ersten bäuerlichen und bergmännischen Besiedlungen erfolgten im 12. und 13. Jahrhundert. Eine Sage erzählt, der Handelsmann Sebastian Romner habe im Jahre 1470 auf dem Wege nach Zwickau die Orientierung verloren. Bei seinem Umherirren fand er eine kleine Zeche. Er fragte den Steiger nach dem Weg und bat um einen Schluck Wasser. Dieser erzählte ihm von seinen Sorgen und klagte über die schlechte Qualität des Erzes. Romner interessierte sich für die Nöte der Leute und nahm auf seinem weiteren Weg eine Probe mit.

Die Untersuchung ergab, dass die Stücke reichlich Silber enthielten. Er bewahrte dieses Geheimnis für sich und versuchte einflussreiche Geldgeber zu gewinnen.

Bei einem Zechgelage prahlte er mit seinem Fund. Er sprach von einem Schatz, den er in der Nähe gefunden habe. Der Stadthauptmann Martin Römer von Zwickau verlangte, dass er ihn an diesen Ort führe. Beide schlossen sich zusammen und begannen mit dem Silberbergbau. Die zuvor gefundene Eisenerzgrube war inzwischen aufgegeben und die Suche nach Silber begann.

Bald wurde man fündig. Der Zuzug vieler Bergleute und Abenteurer bestimmte das Leben. Streitigkeiten, Unruhen und Aufstände gegen die Zechenherren waren an der Tagesordnung. Eine rasche Besiedlung um die Region trat ein. 1481 erhielt die Gemeinde die Rechte einer freien Bergstadt. Diese blühte auf und 1483 bekam sie

eine eigene Münzstätte. Es wurden Silbergroschen geprägt, die „Schnieber" genannt wurden.

Für die Zeit von 1470 bis 1500 können 125 Tonnen Silber als Ausbeute der Gruben nachgewiesen werden. Die ordentliche Führung des Bergstaates hatte an diesen Ergebnissen wesentlichen Anteil. So sorgte man für die Zuführung von Wasser für den Betrieb der Bergmaschinen.

Im Jahre 1483 bis 1485 wurde auf dem „Hohen Gebirge" der Filzteich als erste Talsperre Sachsens angelegt. Johann Wolfgang von Goethe schrieb 1786 bei seinem Besuch im Schneeberger Revier: „Der Filzteich ist deshalb so genannt, weil seine Südseite an einem Terrain anstößt, das aus Granitverwitterung besteht und mit Torf, welches von dem Volke Filz genannt, bedeckt ist." Das dort angestaute Wasser leitete man in Gräben und unterirdischen Kanälen den Gruben zu, wo es die Wasserräder antrieb.

Die Verhüttung der silbernen Erze geschah anfänglich im Silberhof in Zwickau, wie die dortige Silberhütte genannt wurde. Danach kam es zum Bau eigener Schmelzhütten. Die Funde hielten nur wenige Jahrzehnte vor. Die Eigenart der Lagerstätte mit kobalthaltigen Erzgängen, deren Wert alle seit dem 16. Jahrhundert zur Herstellung blauer Farben schätzen gelernt hatten, brachte den Bergbau weiteren Auftrieb. Jedoch die Erträge der Anfangsjahre gingen zurück. Bis ins 19. Jahrhundert hielt der Erzabbau an und war der vorherrschende Wirtschaftszweig.

Der Dreißigjährige Krieg und ein großer Stadtbrand warfen die Stadt in ihrer Entwicklung zurück. Nach 1720 wurde der Kern wieder aufgebaut. Die Fassaden der Häuser zeigen den einst großen Reichtum. Wenn auch inzwischen ein völlig neues Leben in die alte

Bergstadt eingezogen ist, so hat sie doch die Bräuche der Bergleute bewahrt.

Egal aus welcher Richtung Schneeberg erreicht wird, ein imposanter Bau beherrscht das Stadtbild, die St. Wolfgang Kirche. Der Bergsmannsdom ist einer der größten spätgotischen Dome in Sachsen. Seit Juli 1996 steht der Flügelaltar nach Restauration an seinem alten Platz. 1998 verkündete eine neue 56-pfeifige Orgel den Aufbauwillen der Gemeinde. Die Innenstadt präsentiert sich im spätbürgerlichen Barock. Bei einer Führung ist Interessantes zur Geschichte der Stadt zu hören. Im Kulturzentrum gibt es eine Vielzahl von Veranstaltungen, welche an alte Traditionen erinnert. Ein Muss für jeden Besucher ist das Museum für bergmännische Volkskunst. Neben Schnitzereien, wertvollen Klöppelspitzen und Scherenschnitten sind historische Bergmannsmodelle, Pyramiden und vieles mehr zu bestaunen. Im einzigen Planetarium an der Silberstraße können wir uns die Sterne vom Himmel holen lassen. Seht doch einmal voller Neugier durch die Fernrohre und Teleskope. Aktive Erholung bietet die älteste Talsperre Sachsens, der Filzteich. Im Jahre 1953 wurde erstmalig der „Tag des Bergmanns" als Fest dort gefeiert.

Heute findet dieses jährlich im Juli statt und hat für die ganze Familie einiges zu bieten. Mit einer 83 Meter langen Wasserrutsche, Sprungturm, Kegelbahn und Bootsfahrt ist für Groß und Klein etwas dabei. Feuerwerk und Lasershow beenden das Fest.

Edelweiß und Schwarzwasser

Ebenfalls an der Silberstraße befindet sich eingebettet im Schwarzwassertal und umgeben vom gleichnamigen Fluss die Bergstadt Schwarzenberg.

Einst soll Kaiser Otto auf einem Heerzug nach Böhmen hier gerastet haben. Nach reichlicher Speise und Trank spazierte er zu einer Lichtung und erblickte hier den vor sich liegenden Berg. Der begeisterte Monarch soll spontan ausgerufen haben: „Das ist der rechte Ort! Auf diesem Felsen lasst mich ein Haus errichten, dass den Weg nach Böhmen schützen hilft." Und er fügte hinzu: „Es soll heißen, so wie der Berg sich mir zeigt: Schwarzenberg."

Die Gründung der Ansiedlung um 1150 fällt zusammen mit der Errichtung einer Burg. Diese diente als Schutz für die Kaufleute. Eine alte Passstraße verband das böhmische Egertal mit dem Pleißental. Im 12. Jahrhundert begann ihre Geschichte.

Die Burg wurde zerstört und an ihrer Stelle das Schloss erbaut.

Vom kleinen Marktplatz führt eine schmale Straße zur Kirche St. Georgen hinauf. Beides ist auf engem Raum zusammengedrängt. Schon von weitem erblicken wir die Sehenswürdigkeiten und Wahrzeichen der Stadt. Ihre Bürger verfügten früher über beachtliche Privilegien. So durften die Einwohner der umliegenden Orte das Bier nur aus Schwarzenberg beziehen.

Der Bürgermeister hatte auch auf außerhalb der Stadtgrenzen lebende Menschen gewisse Rechte. Alle Bauern mussten ihr Korn nur in der Amtsmühle mahlen lassen, was erkennen lässt, dass die Schlossherren bestimmte Rechte besaßen. Noch 1789 wurde in vier Zechen eingefahren. Heute spricht kaum noch jemand vom einst ergiebigen Eisenerzabbaugebiet, denn die Vorkommen versiegten schnell. Not und Elend verbreiteten sich. Frauen und Kinder begannen mit der Kunst des Klöppelns. Damit konnten die Familien wenigstens überleben.

Schwarzenberg entwickelte sich zu einer wichtigen und traditionsreichen Industriestadt. Sowohl der Bergbau, welcher das gesamte Panorama des Erzgebirges prägte, als auch die daraus resultierenden Betriebe der Metallverarbeitung bestimmten das Bild. In der aufblühenden Emaillewarenindustrie fanden viele Arbeiter Brot und Lohn.

Später war der Ort eine Hochburg der Waschmaschinenherstellung. Diese Geräte hatten einen guten Ruf weit über die Grenzen Sachsens hinaus.

Heute werden einige Räume des Schlosses vom Museum „Erzgebirgisches Eisen" genutzt. Zu den besonderen Attraktionen gehört die in Originalgröße aufgebaute Nagelschmiede aus dem 19. Jahrhundert. Daneben sind Modelle einer Löffelschmiede und der Zinngießereiwerkstatt zu bestaunen.

Eine Kuriosität ist das „Schwarzenberger Edelweiß".
Die spanische Wucherblume kam im vorigen Jahrhundert nach Sachsen. Alljährlich im Sommer entfaltet die Pflanze an den Felswänden und Wegrändern ihre ungewöhnliche Blütenpracht.

Schauen, staunen, erleben

Ein Fuhrmann, welcher Salz nach Böhmen bringen wollte, sah nahe der deutsch-tschechischen Grenze ein glänzendes Gestein. Er hob es auf und warf es auf seinen Karren. Bergleute fanden heraus, dass der Stein ein silberhaltiges Erz war.
So ähnlich soll es sich zugetragen haben.
Die Kunde, dass Schätze buchstäblich auf der Straße lagen, lockte viele Bergleute an und die Geburtsstunde der Stadt am „Freyen Berge", dem heutigen Freiberg, hatte geschlagen. Markgraf Otto von Meißen verkündete die Bergfreiheit. Nun konnte jedermann nach Erz schürfen, der seine Abgaben entrichtete. Die Stadt erblühte durch den Silberreichtum. Der Bergbau förderte die Entwicklung von Kultur und Wissenschaft, so kam es nicht von ungefähr, dass dort die erste bergwerkische Hochschule der Welt gegründet wurde. Den Reichtum der einstigen Bewohner zeigen heute noch die Gebäude mit ihren prächtigen Portalen. Richtung Untermarkt fällt auf, dass die geordnete Bebauung der Oberstadt langsam in enge, verwinkelte Gassen übergeht. Die Häuser werden schlichter und kleiner. Handwerker und Bergleute waren hier zu Hause. Fast alle Bauten im Altstadtkern stehen unter Denkmalschutz. Sie wurden liebevoll und originalgetreu rekonstruiert.
Das wohl bekannteste Wahrzeichen mit dem schlichten Äußeren ist der Dom „St. Marien". Seine wahre Schönheit verbirgt sich im Inneren. Er zählt zu den bedeutendsten Bauwerken und stammt aus dem frühen 13. Jahrhundert. Sehenswert sind die beiden Kan-

zeln und mit viel Glück bekommt man die weltberühmte Silbermannorgel zu hören, welche 1714 gefertigt wurde. Im ehemaligen Herrenhof befindet sich das Stadt- und Bergbaumuseum. Wissenswertes zur Geschichte und Entwicklung, aber auch zahlreiche Dinge des Bergbaus und Kunsthandwerkes, sind dort zu finden. Im kleinsten Museum der Stadt, der Kommode, erhalten wir einen Einblick in Urgroßmutters Wäscheschrank und alte Handarbeitstechniken.

Wolltest du schon immer einmal sehen, wie mit Hilfe von Wasserkraft Eisen geschmiedet wird, dann empfiehlt sich die Besichtigung des Freiberger Hammerwerkes. Auch ein Besuch des Schachtes „Reiche Zeche" ist sehr interessant. Ausgerüstet mit Helm, Gummistiefel, Schutzanzug und Grubenlampe geht es in Sachsens ältestes Silberbergwerk 150 Meter hinab. Unter sachkundiger Führung werden die Gänge und Stollen, welche während jahrhundertelanger schwerer Arbeit in den heutigen Freiberger Gneis gehauen wurden, besichtigt. Die Luft ist staubfrei und die Temperatur beträgt Sommer wie Winter 10 Grad Celcius.

Die 3000 Studenten der Universität bringen Leben in die alten Mauern der Stadt.

Eine Berühmtheit war Wilhelm August Lampadius, dank dessen Erfindung in ganz Europa das Licht anging. Die erste Gaslaterne erstrahlte natürlich in Freiberg.

Herzlich willkommen ist man im ältesten Stadttheater der Welt, auch liebevoll die „kleine Semperoper" genannt. Seit über 210 Jahren wird in diesem Hause gespielt. Jazz, Rock, Pop, Klassik,

Orgelkonzert, Kino, Puppenspiele, Kabarett oder erzgebirgische Heimatabende, für jeden ist etwas dabei.

Die Höhepunkte im Jahr sollte man nicht verpassen. Ob Frühlingsfest mit Maibaum setzen, Künstlermarkt, Brauhausfest, in Freiberg ist immer etwas los. Das Bergstadtfest mit der großen Parade und dem Gottesdienst im Dom, das alljährlich am letzten Wochenende im Juni stattfindet, bildet den Höhepunkt des Jahres. Die historische Innenstadt verwandelt sich in einen Platz mit vielen Attraktionen. Händler, Gaukler, Puppenspieler, Jahrmarkt, überall heißt es: schauen, staunen, erleben.

Pünktlich zum 1. Advent öffnet der Christmarkt seine Pforten. Der im Lichterglanz wunderschön dekorierte Platz lockt mit der fünf Meter hohen Pyramide. Dem Angebot der original erzgebirgischen Handwerkskunst kann man kaum widerstehen. Ein Highlight ist die Bergparade im Fackelschein. Immer am Samstag des zweiten Advent ziehen die Bergbrüder in ihren farbenfrohen Uniformen durch die Altstadt, um sich anschließend zur traditionellen Mettenschicht zu treffen.

Der Rubel rollt

Ursprünglich erfolgte die Bezahlung mit Naturalien, wie Vieh, Getreide, Salz, Lebensmittel oder Schmuck. Der Bauer brachte Schweine in die Stadt und bekam dafür von den Handwerkern Werkzeuge für die Bewirtschaftung des Grund und Bodens. Dieser Tausch war nicht einfach, da die Erzeugnisse unterschiedliche Qualität und Werte besaßen. Es entstand das Verlangen nach einem allgemein anerkannten Tauschmittel.

Ein geeignetes Material musste gefunden werden. Im 12. Jahrhundert wurden in der Gegend von Freiberg ergiebige Silbervorkommen entdeckt, dies war Voraussetzung für die Herstellung des Geldes. Um 1250 gab es in der Markgrafschaft Meißen etwa 40 Münzstätten. Hier entstand der Brakteat, vom lateinischen Wort bractea gleich Blech abgeleitet. Der Ausspruch, „da kannst du ganz schön blechen", verweist sicher auf das Zahlungsmittel. Diese dünnen Hohlpfennige bewahrte man in Büchsen auf, weil sie sich im Beutel leicht verformten.

Das Recht der Prägung lag in den Händen von Landesfürsten und Markgrafen. Münzmeister hatten in deren Auftrag „gutes" Geld zu prägen und dabei einen möglichst hohen Gewinn zu erwirtschaften. Brakteaten galten nur ein Jahr. Nach dessen Ablauf musste jeder zwölf alte gegen neun frisch geprägte Pfennige wechseln. Mit dem jährlich gebührenpflichtigen Geldumtausch konnten die Unkosten der Herstellung gedeckt werden.

Aus einer Mark Silber, welche ein Gewicht von 253 Gramm hatte, waren 244 bis 246 Pfennige zu schlagen. Nicht immer hielt man sich bei der Münzprägung daran. Große Gewichtsunterschiede kamen zustande. Gerissene Typen schnitten kurzerhand ein Stück mit der Schere ab, wenn die Pfennige zu viel wogen.

Die Münzordnung von Freiberg besagte, dass nur mit den am hiesigen Ort geprägten Münzen bezahlt werden durfte.
Beglich ein Anwohner seine Waren mit fremdem Geld, hatte er eine Strafe von 720 Pfennigen zu entrichten. Kamen Auswärtige zum Handel in die Stadt, hatten sie ihre mitgebrachte Währung in die einheimische umzutauschen. Die regionale Münze war ein großes Hindernis. Besonders im Fernhandel verzichteten Kaufleute und Reisende schnell auf das geprägte Geld und zahlten vorwiegend mit Silberbarren. Kein Kaufmann wollte säckeweise Pfennige mit sich herumtragen, die er unterwegs ständig wechseln musste.
Ab 1338 wurde der Meißner Groschen geprägt. Er löste den Pfennig ab und verbreitete sich schnell.
Anno 1500 führte man in Sachsen den Taler ein. Sein Wert entsprach in jener Zeit 24 Groschen oder 288 Pfennigen. Der Bedarf an flexiblen und bequemen Zahlungsmitteln stieg. Das beschleunigte die Einführung von Geldscheinen.
Der Ursprung des Papiergeldes lag in China, wo es schon im 10. Jahrhundert vorherrschte. Diese Banknoten nannte man „Käsch". Daher ist wohl der Ausdruck „Cash auf die Hand" überliefert.
In Deutschland gelangte das erste Papiergeld im 18. Jahrhundert in Umlauf. Sehr skeptisch stand die Bevölkerung der neuen Währung gegenüber. Obwohl das Abzählen von Münzen bei hohen Geldbeträgen mühselig war, vergingen einige Jahre bis sie die Vorteile der Banknoten erkannten.
Im Laufe der Zeit änderten sich die Währungen ständig. Doch Münzen und Scheine sind noch immer ein verbreitetes Zahlungsmittel. Vielleicht werden sie eines Tages durch die Plastikkarten endgültig ersetzt.

Action, Spaß und Nervenkitzel

Die Kät ist nicht etwa ein Mädchenname.
Das größte Volksfest weit und breit findet seit mehreren hundert Jahren in Annaberg-Buchholz, einem Ort an der Silberstraße, statt. Die Annaberger Kät hat ihre Geschichte.
Aus Platzmangel verfügten einst die Stadtväter darüber, den Friedhof vom unteren Kirchplatz neben die St. Annen-Kirche vor das Wolkensteiner Tor zu verlegen. Herzog Georg der Bärtige wollte dem aufblühenden Ort etwas Gutes tun, als er gemeinsam mit den Ratsherren und der Geistlichkeit aus Rom heilige Erde erbat. Damit bestreute man den Gottesacker und machte aus ihm eine Wallfahrtsstätte. Das heißt, die Menschen bewegten sich zu diesem Ort. Bischof Johann von Meißen segnete 1519 den Friedhof und widmete ihn nebst der Kirche der heiligen „Dreieinigkeit". Der Erzgebirgler nahm das Wort, um davon den hinteren Teil abzuhacken. Er veränderte und übte, bis es leicht über die Zunge ging, das Mundwerk nicht mehr strapaziert wurde. Übrig blieb Kät.
Es kamen Gläubige aus aller Welt. Da in dem nahe gelegenen Gotteshaus die Weihe abgehalten wurde gab es Anlass genug, nicht nur die Pilger mit Speisen und Getränken zu versorgen, sondern ein fröhliches Fest zu begehen.
In Buden und Zelten sorgte man für das leibliche Wohl. Händler fanden sich auf dem Platz ein, boten allerlei Krimskrams feil. Gaukler, Spaßmacher und Wanderärzte bemühten sich um die Gunst des Publikums. Das bunte Jahrmarktstreiben nahm an Umfang und Vielfalt zu.

Gewiss, die Zeiten haben sich geändert, das liegt im Lauf der Geschichte.

Heute peilen tausende Leute in Autos, auf Motorrädern Annaberg an und füllen Straßen und Plätze. Doch auch auf Schusters Rappen erreichen Gäste, wie vor 400 Jahren, die Stadt.

Für ausreichend Unterhaltung wird Jahr für Jahr gesorgt. Zahlreiche Fahrgeschäfte wie Riesenrad, Kettenkarussell und die eine oder andere Topattraktion laden zum Mitfahren oder Zuschauen ein. Besucher bummeln in froher Erwartung über den Platz. Manch einer muss seine Euro im Beutel festhalten, denn die Versuchungen sind groß. Die Veranstalter jedenfalls versprechen immer Action, Spaß und Nervenkitzel.

Eine Woche lang herrscht die Kät in Annaberg und sie verabschiedet sich mit einem großen Feuerwerk. Vielleicht sehen wir uns im nächsten Jahr. Wann sie stattfindet?

Der Erzgebirgler sagt: „Verzn Tog nach Pfingstn is de Kät!"

Wunderdoktor oder Quacksalber

Blitzschnell verbreitete sich die Kunde, der Wunderarzt Simon Hoffmann aus Mittweida dreht in der Stadt seine Runde. Wer ein Leiden hatte, durfte da nicht fehlen, ob Jung oder Alt, niemand sollte sich mehr quälen.

Im Jahr 1578 hat sich auf dem Jahrmarkt zu Freiberg folgendes ereignet:

In Begleitung eines Hanswurst erschien der erhaben aussehende Wunderdoktor auf dem Platz. Der Narr lenkte mit seinen derben Späßen die Aufmerksamkeit der Kundschaft auf sich und pries die Erfolge des Meisters der Heilkunst an.

Auf einem Holzpodest, welches in Windeseile zusammengenagelt wurde, praktizierte der Heiler in aller Öffentlichkeit. Das Behandlungszimmer mit seinen chirurgischen Werkzeugen, Attesten und Empfehlungsschreiben sah überhaupt nicht einladend aus. Keiner ging weiter, alle blieben stehen, um dem Geschehen zuzusehen.

„Wohl her, wer hat einen bösen Zahn, denselben ich ausbrechen kan, on wehtagn. Hab auch gute Salbn, für Flöh und Leuß, auch Pulver für Ratzen und Meuß..." verkündete lautstark der Arzt.

Die Besucher waren sich nicht ganz schlüssig, kaufte man lieber eine Salbe für die „Leuß" oder ließ sich den Zahn ziehen, der einem schon lange schmerzte?

Dann kletterte ein Bergmann auf das Podest und erklärte, dass er sich vor vielen Jahren an einem alten Karren am Bein verletzt habe, kein Barbier konnte ihn von den Schmerzen befreien. Erst die berühmte Salbe vom Arzt Simon Hoffmann für einen Groschen habe ihm geholfen, wie jeder sehen könne. Ein anderer rief aus, auch seine Schmerzen im Hals waren nach Bestreichen mit dem Balsam wie weggeblasen. Den Versammelten wurde eingeredet, dass die Medizin bei regelmäßiger Anwendung gegen alle Krankheiten half.

Mutig trat ein Bauer mit geschwollener Wange aus der Menge hervor, ging hin zum Arzt und nahm Platz.

Geschwind griff der Doktor zur Zange, um ihn vom Schmerz zu befreien. Das Publikum beobachtete gespannt den zappelnden Patienten. Ein lauter Schrei erschütterte die Massen, verfault war der Zahn nicht zu fasen.

Nach diesem Ereignis waren alle Zweifel verflogen und der Groschen für die Salbe schnell aus der Tasche gezogen. Der Tag ging zur Neige, der Heilkünstler packte all seine Sachen, um sich wieder aus dem Staub zu machen.

Der Wunderdoktor war kein dummer Mann. Er wusste was er kann, aber auch, was er nicht kann?

Königssohn mit Herz aus Stein

In zahlreichen Städten stehen Rolandsäulen, die mit einem gerüsteten Ritter, dem Roland, die Rathäuser schmücken.

Die ersten wurden vermutlich als Zeichen des Marktrechtes aufgestellt und waren ursprünglich ein Kreuz nebst Schwert und Schild.

Mit der Entwicklung der Märkte veränderte sich die Bedeutung dieser Steinsäulen. Sie wurden nun zum Wahrzeichen der Stadtrechte, der städtischen Freiheit und Gerichtsbarkeit.

Auch über dem Chemnitzer Markt wacht der Roland mit einer beachtlichen Größe von 4,75 Meter. Stolz blickt er vom Rathaus. Habt ihr ihn schon einmal betrachtet? Wenn nicht, dann haltet beim nächsten Stadtbummel Ausschau. Der Sage nach heißt es, dieser sei ein Königssohn gewesen.

Er hatte kein Herz, nur einen Arm, damit er alles abwog, ob es schwer war oder leicht; danach schlug er los. Darum, als er vors Jüngste Gericht kam, schickte ihn Sankt Peter zurück und sagte: „Du bist Stein. Solche von Stein kommen nicht in den Himmel!" Da fasste er sich an, und er war wirklich Stein, und so musste er zurück auf die Erde und Schildwacht stehen auf den Märkten und vor den Rathäusern, wo sie Recht sprechen, wie die Heiden auch taten. Aber die Heiden hatten kein Herz, und sie wägen und richten und sprechen in den Rathäusern auch ohne Herz. Ehe nicht seines einmal weich wird, und sein Sinn gerührt, darf er nicht fort, der steinerne Roland. Ja, er wird dort ewig stehen, so lange, als die stolzen Herren im Rat sitzen.

Auf den Spuren des weißen Kristalls

Die alten Salzstraßen verdanken ihren Namen der ehemaligen Funktion als Handelswege im Mittelalter. Eine davon nimmt in Lüneburg ihren Lauf, geht über Mölln bis nach Lübeck. Gewonnen wurde dieses Kristall aus einem unterirdischen Salzberg in Lüneburg. Über 100 Kilometer transportierte man es bis in die mächtige Kaufmannsstadt Lübeck.

Das herangeschaffte wertvolle weiße Gut hatte den gleichen Wert wie Gold. Die Besitzer kamen dadurch zu großem Reichtum. Salz diente den Heringsfängern als Konservierungsmittel. Mit ihrer Ausbeute versorgten sie den ganzen Ostseeraum.

In einer der alten Salinen bei Lüneburg befindet sich heute ein faszinierendes Industriemuseum, wo die uralten Techniken wie Soleschöpfen und Salzsieden zu bewundern sind. Grundsätzlich nahmen Salzstraßen immer dort ihren Anfang, wo tatsächlich Salinen vorhanden waren.

Durch seine ergiebigen Salzquellen war auch der Ort Halle Ausgangspunkt mehrerer Handelswege, die für Sachsen große Bedeutung hatten. Eine Straße führte über Altenburg, Zwickau, Lößnitz, Grünhain und Schlettau, überschritt den Kamm des Erzgebirges an der niedrigsten Stelle und endete in Prag.

Es gab noch viele Wege zweiten Ranges, die zur Versorgung der dazwischenliegenden Gebiete dienten. So entstand ein Wegesystem, das strahlenförmig auseinander lief. Einer davon war der „Böhmische Steig". Urkundlich wurde dieser im Jahre 1118 erstmals erwähnt, vermutlich ist er jedoch viel älter.

Die Beförderung des Salzes erfolgte anfangs mit Tragtieren. Der Bedarf an dem kostbaren Handelsgut stieg ständig und bald wurden Pferdewagen eingesetzt. Aus dem Steig entstand ein Fahrweg, der nach der Besiedlung des Erzgebirges Salzstraße hieß. Warum, wird sich so mancher fragen, führt dieser Weg ausgerechnet in das böhmische Land?

Die dort lebenden Menschen wussten von dem Vorrat im Norden. Sie waren pfiffig und holten das Salz in ihr Gebiet. Ein Teil davon diente der eigenen Versorgung und mit dem anderen wurde eifrig Handel getrieben. Dadurch gelang das Gewürz auch in andere Gegenden.

Mit dem Bau der Eisenbahn in der zweiten Hälfte des 19. Jahrhunderts, die den Transport aller Handelsgüter übernahm, verlor die alte Salzstraße ihre Bedeutung.

Das Kristall ist ein selbstverständlicher Teil unseres Lebens. Wir benutzen bei der Zubereitung der Nahrung meist zu viel davon. Es hilft Krankheiten heilen und wird für die Herstellung vieler Produkte, von der Seife bis zum PVC, verwendet.

Das Wandern auf den Spuren des Salzes ist mit Sehenswürdigkeiten und toller Landschaft sowohl auf sächsischer als auch böhmischer Seite verbunden.

Die ehemalige Salzstraße als Handelsstraße gibt es nicht mehr. Mit der Schaffung mehrerer Wanderwege sollen Teile der alten Route erhalten und sichtbar gemacht werden.

Frankenstraße

Auf geht's zur nächsten großen Handelsstraße.

Im 13. Jahrhundert entstand eine neue Fernverbindung, die Frankenstraße. Sie wuchs aus einzelnen Querverbindungen zusammen und verband das Vogtland, Erzgebirge und die Oberlausitz. Bei der Stadt Bautzen traf sie auf die Hohe Straße und führte weiter in den polnischen Raum. Zahlreiche Städte, wie Plauen, Zwickau, Freiberg und Bischofswerda säumten diesen Handelsweg.

Viele Bauern und Stadtbewohner kamen Zeit ihres Lebens kaum über ihren Wohnsitz hinaus. Auf Reisen gingen in erster Linie die Kaufleute. Sofern sie nicht ritten, benutzten sie Postkutschen und Fuhrmannswagen. Für die 120 Kilometer lange Strecke von Leipzig nach Dresden benötigte eine Kutsche 21 Stunden. Im Schnitt legte man in einer Stunde zwischen fünf und sieben Kilometer zurück.

Durch den Pferdewechsel wurden lange Aufenthalte eingelegt, währenddessen sich die Reisenden in den Gasthöfen und Herbergen stärken konnten. Bei Dunkelheit ruhte der Verkehr meist. Kein Wunder, dass die Touren sehr lange dauerten. Reiche Kaufleute benutzten deshalb häufig eigene Kutschen, um schneller voran zu kommen. Bis zum 19. Jahrhundert änderte sich die Fahrtdauer kaum.

Stellt euch einmal vor, wie lange man damals unterwegs war. Beschwerlichkeit kam noch dazu.

Vom Esel zur Pferdebahn

Schon im frühen Mittelalter wurde Fernhandel betrieben.
Der Transport war in dieser Zeit außerordentlich schwierig. Auf holprigen Wegen zogen Händler mit ihren Tieren viele hundert Kilometer weit. An befestigte Wege oder Straßen war nicht zu denken. Schwer beladene Karren hinterließen tiefe Spuren im Erdreich. So entstanden im Gelände zahlreiche Hohlwege. War ein Teilstück unpassierbar geworden, legte man daneben einen neuen Abschnitt an. Deshalb lagen die ausgefahrenen Wege dicht nebeneinander.
Später wurde eine Hauptstraße ausgebaut. Diese konnte auch in schlechten Jahreszeiten befahren werden und war breit genug, um zwei Wagen das Ausweichen zu ermöglichen. Dennoch muss man die Händler bewundern, dass sie zu jener Zeit ihre Waren an den richtigen Ort brachten.
Eine Benutzungsgebühr wurde erhoben, die gar nicht gering war. Das so genannte Geleitgeld zahlte man ursprünglich für den Schutz. Um die Einkünfte zu erhöhen, war den Handel treibenden Kaufleuten die genaue Einhaltung der Straße vorgeschrieben. Ab dem Jahre 1885 entfiel die Abgabe in Sachsen.
Als Transport für Holzkohle und Erz eigneten sich die Gebirgsflüsse nicht. Brücken gab es keine, höchstens seichte Stellen, Furte genannt. Der Transport musste unterbleiben, da die Wasserführung zu gering und das Flussbett zu felsig waren.
Der zunehmende Verkehr bis ins 16. Jahrhundert verlangte nicht nur eine größere Anzahl von Fuhrwerken, sondern auch stabilere. Dennoch waren die Wagen meist mit fünf oder mehr Pferden

bespannt. Die durchschnittliche Reisegeschwindigkeit betrug 20 Kilometer am Tag.

Leipziger Kaufleute sandten in einer Bittschrift 1834 die ersten vorbereitenden Gesetze des Eisenbahnbaus an die sächsische Regierung. Das Verkehrsmittel war bald so attraktiv, dass der Staat eine eigene Gesellschaft gründete.

Im September 1852 wurde festlich die Eisenbahnstrecke Chemnitz-Riesa eingeweiht. Ein Jahr später betrug die Zahl der Fahrgäste über 200000 Personen.

Weitsichtige Unternehmer sahen verlockende Verdienstmöglichkeiten bei der Einrichtung eines Massenverkehrsmittels.

So nahm im Chemnitzer Zentrum 1880 die erste Pferdebahn den Betrieb auf. Durchschnittlich standen 59 Pferde und 25 Wagen zur Verfügung.

Die Bahn als schnellstes Transportmittel dominierte. Nach dem Einzug der Eisenbahn in das öffentliche Leben wurde der Landstraßenromantik ein Ende gesetzt. Die Fuhrleute mit ihren altertümlichen Kutschen verschwanden und das Zeitalter der Automobile begann.

Kelche, Kannen, Krüge

Im 14. Jahrhundert trat Sachsen mit der Förderung von Zinn als Hauptlieferant Europas an die Seite von Cornwall, einer Grafschaft in Südwestengland.

In bedeutenden Städten des Landes waren überall Zinngießer tätig. Wohlhabende Bürger, Kirchen und Gemeindeverwaltungen versorgte man mit Gebrauchszinn und Geschirr.

Trinkbecher, Teekessel, Schüsseln, Töpfe, Vasen und vieles mehr wurden in Formen gegossen. Nach dem Guss mussten die Zinngegenstände abgedreht, verputzt und geglättet werden.

Im 17. Jahrhundert setzte die künstlerische Blüte des sächsischen Zinns ein. Vorwiegend große Kannen und Krüge mit reichem Reliefdekor entstanden. Die Zinngießer erhielten von Kirche und Zunft als gesellschaftliche Institutionen Aufträge. Weit mehr Zinngerät wurde für Haus und Küche benötigt. Der Trinkkrug war das am häufigsten hergestellte Zinngefäß.

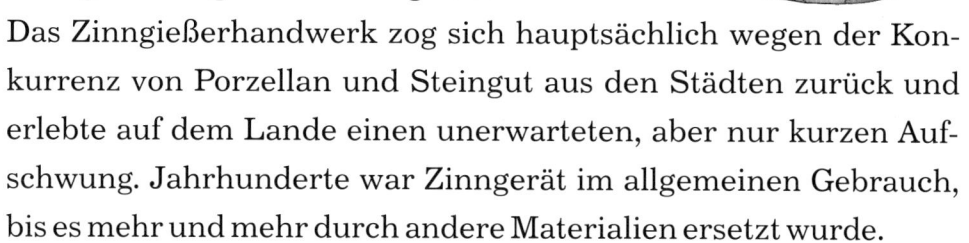

Das Zinngießerhandwerk zog sich hauptsächlich wegen der Konkurrenz von Porzellan und Steingut aus den Städten zurück und erlebte auf dem Lande einen unerwarteten, aber nur kurzen Aufschwung. Jahrhunderte war Zinngerät im allgemeinen Gebrauch, bis es mehr und mehr durch andere Materialien ersetzt wurde.

Vielleicht findet ihr bei euren Eltern oder Großeltern noch einen Krug oder ein anderes Gefäß aus Zinn. In den Puppenstuben vergangener Zeiten spielten die Kinder mit winzig kleinem Zinngeschirr. Beliebte Sammelobjekte sind die bekannten Zinnsoldaten. Auch heute gibt es noch Figuren aus diesem Metall. Ein Beispiel dafür sind die Gestalten aus dem Film „Der Herr der Ringe".

„Waldenburgisches" Steinzeug

Wisst ihr wie der Begriff Keramik zustande kam? Er leitet sich aus dem griechischen Wort Keramos ab, was so viel wie Tonerde bedeutet. Überall, wo Ton in der Erde lagerte, konnte sich das Töpferhandwerk ansiedeln.

Eine „Töpferhochburg" in Sachsen ist Waldenburg an der Zwickauer Mulde. Hier gibt es seit dem 13. Jahrhundert Töpfereien. Aus dem Buch „Kennt ihr das Muldental?" habt ihr ja schon erfahren, dass die Waldenburger Töpfer die ersten in Deutschland waren, denen ein Innungsbrief verliehen wurde. Zu dieser Zeit stellte man schlichte, dickwandige Gefäße und Geschirr für das Haus oder die Küche her, also praktische Gegenstände.

Den Ton karrten die Handwerker von Lagerstätten aus der Frohnsdorfer Gegend mit Pferdefuhrwerken heran. Um diesen besser transportieren zu können, bauten sie eigens hierfür eine Straße. Sie wurde Tonstraße genannt und die Töpfer zahlten auf diesem Weg keine Zölle.

Der Verkauf der fertigen Erzeugnisse war meist Aufgabe der Frauen der Töpfermeister. Für den Transport packte man die Keramiken in Stroh und Heu ein und verstaute alles sicher im Planwagen. Ein Fuhrmann lenkte den Karren und begleitete die Frau auf die Märkte in ganz Sachsen und Thüringen. Manchmal kutschierten sie, wochenlang von zu Hause weg, von Stadt zu Stadt bis alle Krüge, Tassen und Teller Käufer gefunden hatten. Da auf Straßen und Brücken Zölle gezahlt werden mussten, benutzte man oft holprige Wege um Geld zu sparen. Es versteht sich von selbst, dass dabei Geschirr zu Bruch ging.

Zur Blütezeit im 16. und 17. Jahrhundert diente die Keramik der Repräsentation. Für Landherren und Fürsten wurden prachtvolle Krüge und Gefäße getöpfert, die mit Wappen, Tierfiguren und Blattwerk verziert waren. Neben dem eigenen Bedarf verschenkten sie die Kostbarkeiten auch an andere Höfe weiter. So wurden die Waldenburger Töpferwaren weit über die Grenzen von Sachsen hinaus berühmt und ihre hohe Qualität geschätzt.

Bis heute sind einige Töpfereien erhalten geblieben. Wenn ihr euch für dieses Handwerk interessiert, unternehmt doch einen Ausflug nach Waldenburg. Den Keramikern kann man beim Herstellen der Kunstwerke über die Schulter schauen. Empfehlenswert ist auch ein Besuch des Töpfermarktes im Juni.

Eine Uhr für Liebhaber

In Glashütte werden Uhren hergestellt, die fast so teuer sind wie ein Ferrari. Bis zu 100.000 Euro kann solch ein feiner Zeitmesser kosten. Wie vor über 150 Jahren baut man unzählige winzige Teile mit Pinzette, Lupe und kleinen Schraubendrehern zusammen und setzt sie in ein Gehäuse ein. Die Uhren funktionieren mechanisch. Sie werden nicht mit Batterien angetrieben.

Die Glashütter Uhrenproduktion hatte ihren Ursprung am königlichen Hof in Dresden. Die Uhrmacher waren hoch angesehene Männer und besaßen viele Sonderrechte. Im Jahr 1830 begann Ferdinand Adolph Lange eine Lehre in diesem Handwerksbereich. Die Nachricht von anderen Zentren der Uhrmacherei in Europa machte ihn neugierig. Auf seiner Wanderschaft eignete er sich viel Wissen an. Wieder zurück in der Heimat arbeitete Lange an der Erfüllung seines Traumes von einer eigenen Uhrenfabrik. Durch die Unterstützung der königlich-sächsischen Regierung erreichte er im Dezember 1845 das Ziel. Die Produktionsstätte konnte eröffnet werden. Ein Dresdner Fachgeschäft verkaufte die ersten Uhren.

Die weltweit erfolgreiche Lange-Uhrenfabrik existiert heute noch in Glashütte. Von jedem Modell wird nur eine geringe Anzahl gefertigt, mitunter nur 100 oder 200 Stück. Den Verkauf der Meisterwerke übernehmen ausgewählte Juweliere. Fast die Hälfte der hergestellten Uhren wird ins Ausland geliefert.

Schaut bei eurem nächsten Einkaufsbummel einmal genauer in das Schaufenster eines Schmuckgeschäftes. Vielleicht seht ihr eine Uhr aus der Lange-Fabrik.

Glück und Glas

Wann und wo Glas erfunden wurde ist uns bis heute nicht genau bekannt. Seit dem Mittelalter haben sich im Raum Sachsen Menschen mit der Glasherstellung beschäftigt. Vom 13. Jahrhundert an entstanden in den waldreichen Gebieten des Erzgebirges die ersten Glashütten. Hier fertigte man das grünstichige und bräunlichgrüne „Waldglas". Diese Bezeichnung stammte jedoch nicht vom grünen Wald der Umgebung, sondern hatte seinen Namen von dem eisenhaltigen, grün färbenden Sand und der Pottasche, welche wichtige Bestandteile des Glases waren. Zur Erzeugung benötigte man beträchtliche Mengen Holz, was im Bergbau und in den Hammerwerken ebenfalls gebraucht wurde. Bald gingen die Vorräte dieses wichtigen Rohstoffes zur Neige. In einigen Hütten wurden Versuche unternommen, andere Energieträger wie Torf und Kohle einzusetzen, um dem Holzmangel entgegenzuwirken. Die Glasmacher hatten kein leichtes Leben. Sie verrichteten schwere gesundheitsschädliche Tätigkeiten bei geringer Entlohnung. Tagein, tagaus standen die Arbeiter bei glühender Hitze vor den Schmelzöfen und bearbeiteten mit großem Kraftaufwand das Material.

In den Waldglashütten wurden nur geringe Stückzahlen produziert und der Verkauf erfolgte durch Hausieren. Die Glashersteller durchwanderten mit Schubkarre oder Kraxe das Land, boten einzelne Stücke, meist Gebrauchsgegenstände wie Essig- und

Ölflaschen, Salzfässchen und Butterdosen für den Haushalt feil. Das war sehr mühsam und erforderte viel Ausdauer und Zeit. Später verkauften sie ihre Waren an Händler. So konnte sich jeder ausschließlich auf seine Arbeit konzentrieren.

Ein bedeutendes Unternehmen im Erzgebirge war die Heidelbacher Glashütte. Etwa 250 Jahre befand sich der Betrieb im Besitz der Familie Preußler, die eine hohe Glasmacherkunst entwickelte. Rezepturen und Verfahren wurden streng geheim gehalten, um die Geschäftsexistenz zu bewahren.

Im Jahre 1699 erfolgte die Gründung der Dresdner Hütte. Diese fertigte vorwiegend Erzeugnisse für den königlichen Hof. Der Adel hatte großen Bedarf an luxuriösen Glasgegenständen. Kronleuchter, Spiegel, Trinkgläser, Becher und Kelche wurden für die verschiedensten Festlichkeiten benötigt. Ebenso waren reich verzierte Pokale begehrte und kostbare Geschenke. Besitz von Glas war ein Zeichen des Wohlstandes, machte jeden glücklich und zufrieden, doch: Glück und Glas wie leicht bricht das.

Durch neue Veredlungen und technische Weiterentwicklungen konnte die Qualität ständig verbessert werden. Verwendungszweck sowie Nachfrage für Glaswaren stiegen zunehmend und der Handel dehnte sich beträchtlich aus. Mit der Zeit entstanden unterschiedliche Glashandelsformen, der Einzel- und Großhandel, Versand- sowie später der Antiquitätenhandel, der beliebt bei allen Sammlern war, da besonders schöne kunstvoll gearbeitete und verzierte Einzelstücke angeboten wurden.

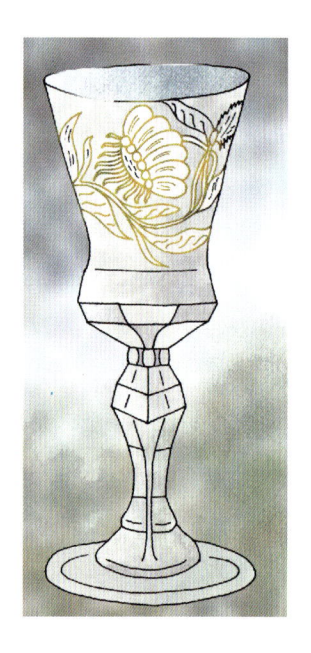

Spinnen, weben, stricken

Wisst ihr eigentlich, dass wir Sachsen uns in einer der traditionsreichsten Textilregionen der Welt befinden? Sie erstreckt sich von der Oberlausitz über das Erzgebirge bis zum Vogtland.
An der Wiege dieser industriellen Entwicklung stand kein Geringerer als Kaiser Napoleon Bonaparte. Er verhängte vor rund 200 Jahren die Einfuhrsperre von Waren aus England. Dies führte zur Gründung großer Spinnereien und Webereien in Sachsen.
Die Stadt Chemnitz wurde jedoch bereits im Jahre 1358 Zentrum der obersächsischen Leinenweberei und etwa ab dem 16. Jahrhundert der Baumwollweberei. Auf den Hauptmärkten in Leipzig und Naumburg waren die Produkte bei süddeutschen Fernhändlern besonders begehrt. Die Erzeugnisse mussten jedoch unbedingt zur rechten Zeit an die Märkte geliefert werden. Feine Tuche aus Sachsen ernteten bereits auf der Weltausstellung 1851 in London erstmals internationale Lorbeeren. Es entstanden Teppiche, Gardinen, Tischdecken, Frottierwaren, Bett- und Nachtwäsche. Auch die Strumpfindustrie siedelte sich an. Geringelt, uni oder mit hübschen Mustern war alles vorhanden um den Wünschen der Kunden gerecht zu werden.
Zum Landschaftsbild des Erzgebirges gehörte und gehört auch die Schafzucht. Einige Züchter haben es sich zur Aufgabe gemacht, die Tradition der Schafwollverarbeitung zu pflegen. Wolle ist ein hervorragendes Naturprodukt, das noch heute zur Herstellung von Bekleidung Verwendung findet.
Wenn in Paris und Milano die Topmodels posieren, ist es möglich, dass sie von edlen Garnen, Stoffen oder Spitzen aus Sachsen umhüllt sind.

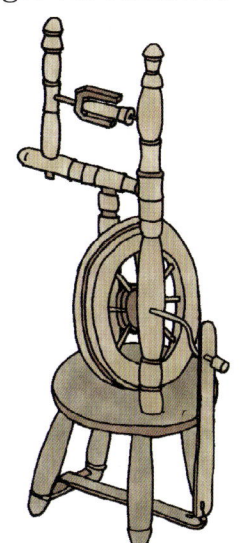

Quersackindianer

Vor vielen Jahren, als es noch keine Strümpfe gab, schützten sich die Menschen mit Fußlappen vor eisiger Kälte. Doch das Laufen damit war nicht immer angenehm. So erfanden an langen Winterabenden Frauen das Strumpfstricken mit der Hand. Gesponnene Fäden aus Schafwolle und Flachs waren Ausgangsmaterial. Man kann sich vorstellen, dass trotz flinker Hände nur wenige Strümpfe gefertigt wurden. Überall im Lande war der Bedarf an wärmendem Beinzeug groß. Wohlhabende Städter, Mägde und Knechte, aber auch Soldaten hatten das Verlangen solch warme Fußbekleidung zu tragen.

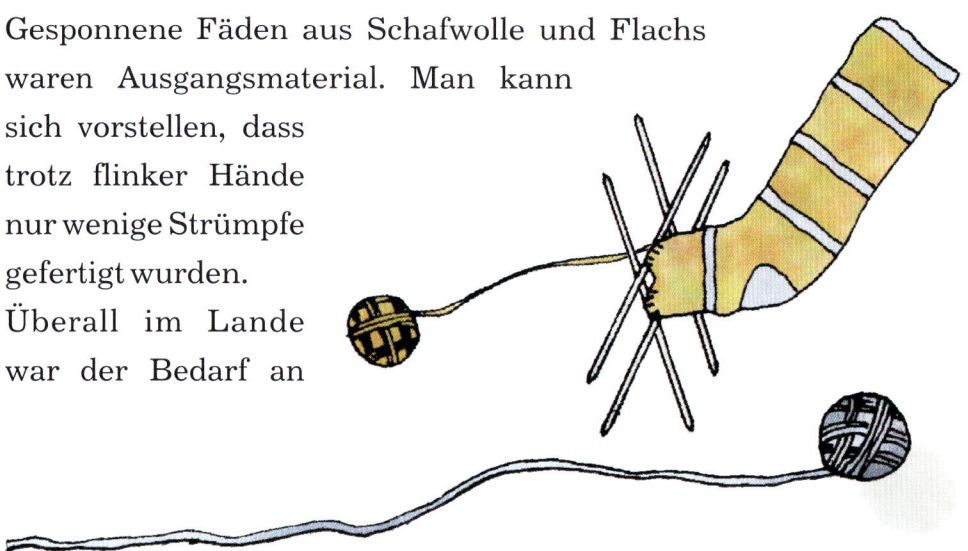

Schon im Mittelalter machten sich findige und geschäftstüchtige Leute über die Fertigung von Strümpfen Gedanken. Nach der Erfindung des Handstrickstuhles wurde die Herstellung zum Broterwerb vieler armer Großfamilien. Für ihre Strickwaren erhielten sie einen sehr geringen Lohn.

Die schlechten Bedingungen veranlassten die Menschen, Vereinigungen und Gilden zu gründen, um ihre Arbeit zu verbessern.

Das Handwerk breitete sich über Böhmen, Ungarn, Mähren, Österreich und Sachsen aus. Zu einem der größten Zentren der Strumpfwirkerei entwickelte sich das Erzgebirge. Dort hatte man für die übers Land ziehenden Stricker einen ganz besonderen

Namen. Sie wurden im Volksmund „Quersackindianer" genannt. Dabei denkt jeder vielleicht an die Indianer. Doch sie sind nicht gemeint.

Es waren die Stricker, die immer freitags über die sächsischen Handelsstraßen zogen, bei Sonne, Regen, Eis oder Schnee. Sie trugen stets ihren rot-weiß gestreiften Sack, in welchem sie die Ware transportierten. Beim Faktor, der Leiter einer Handelsstelle war, wurden die Produkte abgeliefert und neues Rohmaterial geholt.

Durch die besondere Art, wie der Quersackindianer seinen Sack trug, entstand dieser lustige Name.

Johann Esche und seine Nachkommen

Die Geschichte der Familie lässt sich bis ins 17. Jahrhundert zurückverfolgen. Johann Esche wurde am 3. Mai 1682 in Köthensdorf geboren. Sein Vater war ein Färber. Johann erlernte diesen Beruf nicht, sondern kam als Kleinknecht in den Dienst Albrecht des II. von Schönberg. Durch handwerkliches Geschick gewann er die Sympathie seines Oberhauptes und wurde dessen Leibkutscher. Als Entlohnung gab es freie Kost, Wohnung und jährlich fünf bis sechs Taler.

Eines Tages begleitete Johann seinen Herrn auf eine Reise in die damalige Residenzstadt Dresden, um dort französischen Strumpfwirkern bei ihrer Arbeit zuzuschauen. Es faszinierte und begeisterte ihn sehr. Kaum heimgekehrt machte er sich daran einen solchen Strumpfwirkstuhl nachzubauen, dessen Erfinder der englische William Lee sein soll. Die Liebe zu einem Mädchen, das sich durch Strumpfstricken ernährte, veranlasste ihn dazu. Albrecht der II. und sein Nachfolger Albrecht der III. waren bestrebt, die Begabung Esches zu fördern.

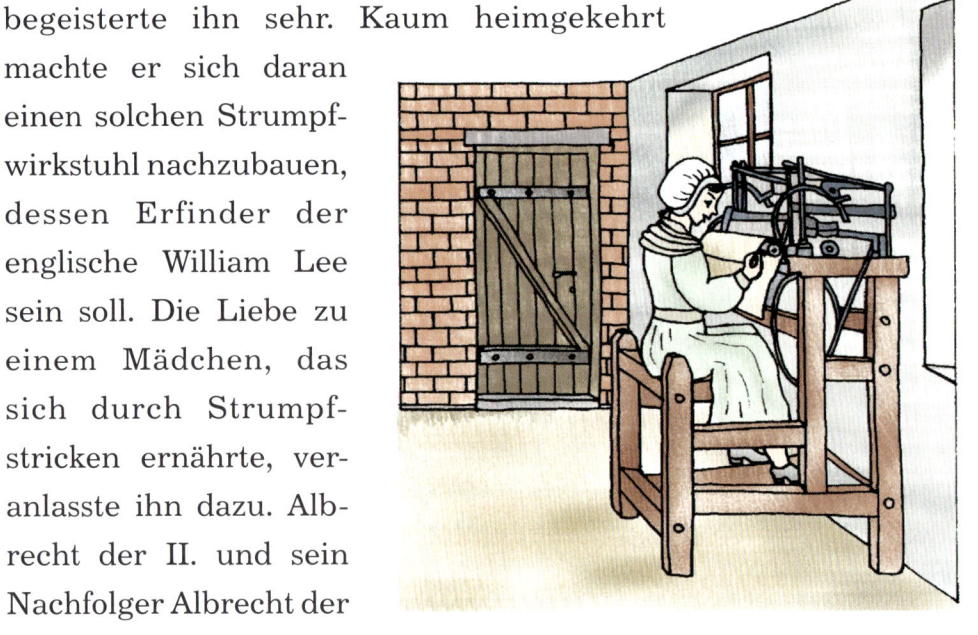

In Limbach, Oberfrohna und Köthensdorf arbeitete man 1747 schon mit insgesamt 39 Strumpfwirkstühlen. Für jeden mussten vier Groschen Zins und acht Groschen Schutzgeld an den Gutsherrn gezahlt werden. Im Jahre 1804 wurde im herzoglich-sächsischen Lande Seide für 30000 Taler verarbeitet. Johann Esche verfügte nicht nur über technisches Talent, sondern verstand auch etwas vom Handel.

Bereits 1744 wurde er mit Herr angesprochen und als Fabrikant bezeichnet. Dieses Vorrecht stand sonst außer dem Adel nur noch den Lehrern zu.

Schon zu seinen Lebzeiten wurden die Strumpfwirkstühle nicht mehr in Limbach gebaut, sondern in Olbernhau im Erzgebirge. Im Gegensatz zu den eisernen englischen Wirkstühlen baute man diese überwiegend aus Holz. So ein kunstvoll verzierter Stuhl kostete ungefähr 100 Taler.

Die Kinder Johann Esches traten in die Fußstapfen ihres Vaters. Sie waren in der Strumpfbranche in Chemnitz führend. Ende des 19. Jahrhunderts beschäftigte die Firma Moritz Samuel Esche 800 Arbeiter und Arbeiterinnen sowie 2500 Heimarbeiter. Verarbeitet wurde Baumwolle, Schafwolle und Seide zu Strümpfen, Socken und Unterkleidern. Die Palette des Angebotes umfasste naturfarbige, gefärbte, buntgarnige und gestreifte Produkte.

Via Regia

Die „Via Regia", deutsch „Hohe Straße", gehörte zu den wichtigsten europäischen Verkehrsverbindungen im Mittelalter bis weit in die Neuzeit hinein. Sie erscheint unter verschiedenen Bezeichnungen. Die älteste Überlieferung „Königliche Straße" stammte aus dem Jahre 1252.

Sie verband Mitteldeutschland mit dem polnischen Raum und führte durch die Oberlausitz. Die günstige Lage an der Straße wussten tüchtige und aufstrebende Bürger durch Handel und Gewerbe zu nutzen. Zahlreiche Städte wie Erfurt, Leipzig, Großenhain, Bautzen und Görlitz entstanden. Auf dieser Straße erfolgte der Transport vielfältiger Güter. Aus dem Norden kamen gesalzene Heringe, Stoffe und Bernstein, aus dem Süden ungarisches Kupfer, böhmisches Getreide, Südfrüchte, Gewürze und Schmuckgegenstände. Den wichtigen Blaufärbstoff, Waid genannt, brachte man aus dem Westen in die Textilzentren um Chemnitz und in die Oberlausitz. Schlachtvieh, Pelze und Honig führten die Händler aus dem Osten ein.

Neben Handwerksprodukten waren Erze und das Silber begehrte sächsische Handelsartikel. Ewig schimpfende Fuhrleute stampften neben ihren meist vierspännigen Wagen von Sonnenaufgang bis spät abends über holpriges, staubiges Gelände. Dann wurde es höchste Zeit sich ein geeignetes Quartier zu suchen. Für den Schutz des Kaufmanngutes vor Räubern boten zahlreiche Herbergen über Nacht Sicherheit. Mensch und Tier ruhten sich hier aus. Was für ein Treiben muss damals in den Schenken und Gasthöfen entlang der Straße geherrscht haben. Zwischen den Stadtbürgern und den Kaufleuten entstand in der Oberlausitz eine Interessengemeinschaft, die in Verbindung mit den Handelsherren eine befahrbare und gesicherte Straße schuf. Dafür zahlten Kaufherren und Fuhrleute ein Geleitgeld sowie Zoll. Die Städte wurden reich und halfen dem jeweiligen Regenten aus seinen Geldnöten. Die Sicherung des Landfriedens nahmen diese Bürger im Interesse ihres Handels sehr ernst. So konnten sie die wirtschaftliche und politische Macht sehr lange halten.

Die alte Handelsstraße gibt es nicht mehr. Zwanzig Meter südlich von der heutigen Bundesstraße 6 kann man den Verlauf teilweise noch erkennen. Am Rande des Ortes Reichenbach befindet sich ein Brückenbogen aus alter Zeit. Sogar Napoleon ist schon darüber gefahren. Schaut euch dieses kleine Bauwerk einmal an, wenn ihr mit euren Eltern den nächsten Urlaub in der Oberlausitz verbringt.

Schlagbäume fallen

Schon im Altertum entrichteten Menschen Abgaben. Zu den ältesten gehören Zölle. Seit dem 10. Jahrhundert wurden diese von den Feudalherren willkürlich erhoben. Um ihren Reichtum ständig zu mehren, waren Könige und Landesherren bei der Festlegung neuer Steuern recht erfinderisch. Sie führten Grenz-, Schutz-, Straßen- und Passzölle ein. Zusätzlich kamen Ufer-, Tor-, Brücken-, Wagen- und Lastengelder dazu. Der Warentransport verteuerte sich dadurch beträchtlich. Durch Benutzung von Schleichwegen versuchten Kaufleute die Zollstellen heimlich zu umgehen, um Abgaben einzusparen. Wurden sie jedoch dabei ertappt, beschlagnahmte man kurzerhand Fuhrwerk und Waren.

Mitunter waren Händler gezwungen eine bestimmte Route zu benutzen. Landesfürsten legten diese so fest, dass die zu befahrende Strecke möglichst lang durch ihre Gebiete führte, so konnten sie reichlich abkassieren. Dabei spielte der oftmals viel schlechtere Zustand der Straßen keine Rolle. Bei längeren Transportwegen betrugen die Zollabgaben mindestens 50 Prozent des Warenwertes. Handel und Verkehr wurden aufgrund der hohen Belastungen stark gehemmt. Nicht nur auf dem Land, sondern auch zu Wasser galt es Steuern zu entrichten. Im 14. Jahrhundert gab es allein entlang der Elbe 35 Zollstellen. Mit lauten Rufen forderten Zöllner die Schiffer auf am Ufer anzulegen, damit die Fracht kontrolliert, erfasst und entsprechende Gebühren kassiert werden konnten. Missachteten Schifffahrer diese Anweisungen, wurden die Kähne mit Seilen oder Ketten gestoppt. Den Zollwert bestimmte man zu jener Zeit durch Wiegen und Messen mittels Zollstock. Heute wird er in Prozent vom Wert der Ware ermittelt.

Gemäß eines kaiserlichen Erlasses mussten alle Steuereinnahmen zur damaligen Zeit in eisernen Kästen aufbewahrt werden. Zum einen schützte dies vor Diebstahl, zum anderen war die Brandgefahr sehr hoch, da Zollhäuser überwiegend aus Holz bestanden.

Zoll wurde nicht nur an den Grenzen zu anderen Ländern kassiert, sondern auch im Land selbst. Deutschland war einst sehr zersplittert, es bestand aus vielen Mittel- und Kleinstaaten. Die jeweiligen Herrscher forderten von jedem, der ein- und ausfuhr oder nur durchzog, Gebühren. Zu Beginn des 19. Jahrhunderts existierten in Deutschland etwa 1800 Zollstellen. Für Kaufleute bedeutete es einen großen Zeit- und Geldverlust, denn an jeder Grenze mussten sie anhalten und bezahlen. Erst mit der Gründung des Deutschen Zollvereins 1834, in dem sich 18 deutsche Staaten zusammenschlossen, kam es zur Abschaffung der Zollschranken innerhalb des Landes. Dem ungehinderten Warenaustausch im Land stand nichts mehr im Wege. Die vor vielen Jahren aufgehobenen Passierzölle gibt es heute in Form von Autobahn- und Tunnelgebühren in vielen Ländern. Auch in Deutschland werden wir demnächst Abgaben dieser Art entrichten müssen.

Kleine Stadt mit riesigem Namen

Die Geschichte der Stadt Riesa ist bis Mitte des 16. Jahrhunderts mit dem ehemaligen Kloster gleichen Namens verbunden. Das wurde im Jahre 1119 durch Dietrich von Naumburg gegründet. Später übernahmen Mönche die Verwaltung und führten das Kloster zu Reichtum und Ansehen. Um 1234 war es ein Benediktinerinnenkloster. Etwa 300 Jahre danach wurden in Sachsen alle Klöster aufgelöst, so auch das von Riesa. Dann erfolgte die Umwandlung in ein Rittergut.

Im Jahre 1623 verlieh Kurfürst Johann dem Marktflecken Riesa das Stadtrecht. Dennoch blieb die Stadt noch lange Zeit nur Marktplatz.

Trotz günstiger Elblage hatte Riesa bis vor wenigen Jahrzehnten geringe Bedeutung. Fruchtbarer Boden begünstigte den Ackerbau. Wind- und Wassermühlen verarbeiteten das Getreide. Die Stadt lag abseits der großen Handelsstraßen. Elbkähne mit den Produkten aus Böhmen legten am Ufer an. Der Holzhandel mit der Flößerei hielt sich in Grenzen. Es entstanden Niederlassungshäuser für den Verkehr mit benachbarten Städten. Dabei wirkte die Entrichtung von Abgaben und Zöllen hemmend auf die Entwicklung der Schifffahrt. Riesa gehörte zu den Elbzoll- und Stapelplätzen. Transportierte Waren mussten dort für eine festgelegte Zeitdauer zum Verkauf angeboten werden. In der Regel handelte es sich um drei Tage, vom Sonnenauf- bis Sonnenuntergang gerechnet.

Städte, die das Stapelrecht besaßen, waren dadurch bevorzugt. Für die Verleihung dieses Rechts zahlte man gern große Summen.

Eine Wendung erfuhr der Handel durch die Dampfkraft im Eisenbahn- und Schiffsverkehr. Der Ort genoss als Knotenpunkt große Vorteile und entwickelte sich. Nach Einführung der Dampfschifffahrt mit dem Raddampfer im Jahre 1837 wurde eine Niederlassung gegründet. Die Einweihung der Eisenbahnlinie Leipzig - Dresden erfolgte zwei Jahre später. Von diesem Zeitpunkt an lag Riesa nicht mehr abseits der Verkehrs- und Handelsstraßen. Es entstand ein wichtiger Knotenpunkt.

Wisst ihr wie Riesa zu seinem Namen kam?

Es soll einmal, vor langer Zeit, ein Riese auf Wanderschaft an die Elbe gekommen sein und hier gerastet haben. Da viel Sand in seine Stiefel gekommen war, zog er diese aus und ließ den Sand herausrinnen, so dass ein kleiner Sandhügel entstand. Der Riese setzte dann seine Wanderschaft fort.

Viele Jahre später kamen Menschen in diese Gegend und fanden den Sandhügel als einen günstigen Ansiedlungsplatz. Sie bauten Hütten, Häuser und sogar ein Schloß. Aus Dankbarkeit und in Erinnerung an den Riesen nannten sie ihre Stadt Riesa.

Das Treiben auf dem Striezelmarkt

Das Recht, Wochen- und Jahrmärkte abzuhalten, zählte zu den Privilegien. Dies wurde den Ansiedlungen bei ihrer Erhebung zur Stadt vom Landesherren verliehen. Bereits am Ende des 12. Jahrhunderts erhielt Dresden das Stadtrecht. Begünstigt durch die Lage an einem festen Elbübergang entstand der Ort und wurde im Jahre 1206 erstmals urkundlich erwähnt.

Die Bezeichnung Wochenmarkt gibt es erst seit 1447. Das Amt des Marktmeisters als Ehrenamt wurde eingeführt. Der Auserwählte bekam Amtskleidung und eine geringe Vergütung von sechs bis acht Groschen. Das Geschrei und die Streiche der Betrunkenen waren Anlass Nachtwächter anzustellen. Pike, Laterne und Kuhhorn gehörten zur Ausrüstung. Das Rathaus am Altmarkt diente als Versammlungsort der Kaufleute. An der Seite des Gebäudes befanden sich Ratswaage, Gerichtsbank und Pranger. Anfangs jeden Montag, später zusätzlich Freitag war Markttag. Händler und Bauern kamen, sie mussten einen Pfennig, den „Marktpfennig", für die Platzabgabe entrichten. Bis 1694 zählte diese Einnahme zum Verdienst des Marktmeisters, zuletzt floss es in die Stadtkasse. Der Rat der Stadt verlangte für das Aufstellen von Buden und Ständen eine Leihgebühr. Selbst für das Ausborgen von Brettern zum Auslegen der Produkte mussten Abgaben von jedem fremden Händler entrichtet werden. Die Dresdner waren davon befreit. Stadtrichter, Stadtschreiber und Marktmeister trieben beim Rundgang von Bude zu Bude das Geld ein. Vom Turm der Kreuzkirche wurde der Markt eingeläutet.

Warum heißt er eigentlich Dresdner Striezelmarkt? Der Begriff dafür war im Mittelalter sehr unterschiedlich. Es wird vermutet, dass der Ursprung aus den Klosterbäckereien kam. Es handelte sich um eine Fastenware, die aus Mehl, Hefe und Wasser bestand. Mittelhochdeutsch bezeichnete man mit „Striezel" ein Hefegebäck. Das Wort „Stollen" wies auf die Form des Backwerkes hin. Dieses erinnerte mit seiner Gestalt an das eingewickelte Kind in der Krippe. Beide Begriffe sind seit Jahrhunderten in Dresden zu Hause.

Ob im Erzgebirge, in der Lausitz oder der Leipziger Gegend, überall klügelten Bäcker und Hausfrauen die besten Rezepturen aus. Oft blieben sie ein Geheimnis. Die Siebenlehner Bäcker machten ihrer Backkunst alle Ehre. Sie lieferten hervorragende Ware und es kam zum Streit. Die Meißner Bäckerinnung forderte die Stadttore zu schließen, damit die feinen Stollen nicht in die Stadt geliefert werden konnten. Die Dresdner setzten sich durch. Sie belieferten den kurfürstlichen, später königlichen Hof. Stollen gehörten zum Weihnachtsfest auf jeden gedeckten Tisch, ob arm oder reich. Die Qualität war je nach Geldbeutel sehr unterschiedlich.

Vor dem Christfest entwickelte sich seit dem 16. Jahrhundert als Markttag der Striezelmontag.

Bei der Bevölkerung gewann er große Beliebtheit und wurde zur Tradition im städtischen Leben. Alleinstehende Frauen und Waisenkinder bemühten sich um einen Broterwerb.

Geschickte Kinderhände bastelten aus getrockneten Zwetschgen die Pflaumentoffel als Glücksbringer zum Jahreswechsel und bekanntes Zeichen für den Striezelmarkt. Mädchen und Jungen saßen bei klirrender Kälte bis 21 Uhr um die Waren feilzubieten. Von deren Absatz waren oft die Weihnachtsfreuden der jungen Verkäufer abhängig. Später untersagte die Schulaufsichtsbehörde ihnen den Handel gänzlich. Heute gibt es Holzfiguren als Erinnerung an die Striezelkinder zu kaufen.

Den Bedürfnissen der angewachsenen Bürgerschaft wollte man mit einem größeren Warenangebot entsprechen. Der Markt hatte sich mit seinen Buden und Ständen immer mehr ausgedehnt. So kamen Pulsnitzer Pfefferküchler, Bischofswerdaer Leineweber, Pirnaer Buchhändler, Töpfer aus Dippoldiswalde, Spitzenhändler und viele andere. Selbst Handwerker aus Böhmen boten ihre Waren an. Sie erhielten vom Rat der Stadt die Erlaubnis dazu, jedoch mussten die Erzeugnisse billiger verkauft werden als die der einheimischen Händler. So hatten sie einen reißenden Absatz. Es war ein verdienter Lohn für den beschwerlichen, oft gefahrvollen Weg. Das passte den Dresdnern gar nicht. Sie fürchteten die Konkurrenz, meinten, die Auswärtigen nähmen ihnen den Verdienst weg und trügen das Geld aus der Stadt hinaus. Es begann ein heftiger Streit. Die anwohnenden Gewerbetreibenden wollten den schon bescheidenen Gewinn nicht mit Fremden teilen.

Beinahe wäre das Ende des Striezelmarktes besiegelt gewesen, denn 1684 schrieb die Bürgerschaft an den Rat, dass der Striezelmontag ganz abgeschafft werden soll. Glücklicherweise gab man dem Ansinnen nicht nach, er blieb in seiner bisherigen Form wegen des erfreulichen Zuspruches bei der Bevölkerung bestehen.

Als Wenzel paschen ging

Mit der Entdeckung neuer Länder und Kontinente lernten die Menschen schon im Mittelalter viele unbekannte Rohstoffe kennen. Händler waren interessiert, sie aus den Kolonien Afrikas, Asiens und Amerikas nach Europa zu bringen. Große Schiffe transportierten Baumwolle, Kaffee, Kakao, Gewürze, Reis, edle Hölzer, Gummi, Farbstoffe und vieles mehr um die halbe Welt.

Geschäftsleute und Kaufmänner vereinigten sich, um diese kostbaren Güter aus entfernten Häfen Spaniens, Frankreichs, Hollands, Englands und Portugals auch auf die Märkte nach Sachsen zu bringen. Ein wichtiger Platz für den Weiterverkauf war die Messe in Leipzig. Hier erwartete die Besucher ein besonderes Angebot interessanter exotischer Waren.

Natürlich könnt ihr euch vorstellen, dass diese wertvollen Sachen damals hohen Luxus darstellten. Die Kaufleute jedoch wollten ihre Gewinne steigern. Das gelang nur, wenn viele ihre Artikel kauften. Kurze Zeit später gehörten Kolonialwaren zum Alltag und ein schwungvoller Handel mit Gütern aus Übersee entwickelte sich. Es entstanden Läden, in denen Krämer diese Erzeugnisse verkauften.

Noch jetzt kann man alte Häuser mit der Beschriftung „Kolonialwarenhandlung" entdecken. Heute kaufen wir vieles im Supermarkt und das Ursprungsland der Waren bleibt oft unbekannt.

In Sachsen wurden die Rohstoffe nicht nur gehandelt. Schnell fanden die Menschen heraus wie sie weiterverarbeitet werden konnten. Raffinerien wandelten braune Zuckerkristalle in weiße um. Kaffee und Kakao bot man geröstet und gemahlen zum

Verkauf. Besonders Baumwolle hatte eine große Bedeutung für die Textilfabriken um Chemnitz und in der Oberlausitz. Mit den neuen billigeren Farbstoffen wie Indigo wurden prachtvolle Stoffe gefärbt.
Ein einträgliches Geschäft war das Schmuggeln der Kolonialwaren ins Böhmische und nach Schlesien über die Grenzen des Erzgebirges und der Lausitz. „Paschen", wie man den Schleichhandel nannte, war oft die einzige Möglichkeit der armen Menschen Geld zu verdienen. Gepascht wurden vor allem Kaffee, Zucker, Gewürze und Stoffe.
Schmuggelwege sind uns in Olbernhau, Reitzenhain und im Gebiet um Schirgiswalde bekannt. Schirgiswalde mauserte sich zu einem so lebhaften Handelsplatz, dass man es scherzweise „Klein-Leipzig" nannte. Der Ort wurde Stützpunkt von Gesetzlosen und Räuberbanden, die Waren über Waren durch die Wälder beförderten.
Die berühmteste Bande war die des „Böhmischen Wenzel". Die Hüter des Gesetzes kannten Wenzel Kummer nicht nur als Schmuggler, sondern auch als Dieb und Wegelagerer. Trafen die Spitzbuben auf Zöllner, kam es recht oft zu bewaffneten Gefechten. Mehrfach ging Wenzel den Häschern in die Falle und musste Zuchthausstrafen verbüßen. Oft gelang ihm eine abenteuerliche Flucht. Keine Gefängnismauer war sicher vor ihm. Schließlich konnte er seiner gerechten Strafe nicht entgehen. Er starb 1820 im Zuchthaus Jungbunzlau.
Noch lange erzählten sich die Menschen an kalten Winterabenden Geschichten vom Räuber Wenzel Kummer und seinen Banditen.

Blaue Schwerter

Es gibt wohl keine Zweifel, dass europäisches Porzellan im 18. Jahrhundert erfunden wurde. Die Entdeckung ist die Frucht langjährigen Suchens genialer wissenschaftlicher Forschung. Ehrenfried Walther von Tschirnhaus gelang es Erde und Steine sowie verschiedene Mischungen mit Hilfe großer Brennspiegel zu schmelzen. Viele Jahre blieb die Herstellung nur ein Versuch.

Johann Friedrich Böttger war Gefangener des preußischen Kurfürsten und löste diese Aufgabe. Er erkannte die Verbindung des Kaolins mit den schmelzbaren Silikaten als Grundlage zur Porzellanherstellung. Es gelang ihm nach vielen Experimenten im Januar 1708 mit den ersten gebrannten Scherben.

August der Starke schätzte die Erfindung sehr und ließ dieses Ereignis in vier Sprachen veröffentlichen. Das Gründungsjahr der Porzellanmanufaktur war 1710 auf der Albrechtsburg zu Meißen. Man glaubte die Rezeptur hinter den Mauern der unzugänglichen Festung als sicher. Durch einen Entflohenen gelangte das Geheimnis nach Wien. Dort wurden die ersten Gefäße aus „Böttgergesteinzeug" gefertigt.

Anno 1713 kam das weiße Porzellan in den Handel. Böttger hatte versprochen, die Farben zum Bemalen der hellen Scherben zu entwickeln. Er konnte sein Versprechen nicht mehr einhalten, denn er starb im Alter von nur 39 Jahren.

Johann Gregorius Hoeroldt wurde als sein Nachfolger eingestellt. Ihm folgten Bildhauer und noch einige außergewöhnliche Männer, welche neugierig waren, mit den neuen Werkstoffen zu arbeiten. Das bemalte Porzellan war bald so begehrt wie Gold und Silber. Seit 1722 sind die gekreuzten blauen Schwerter das Markenzeichen.

Später setzte sich die Blumenmalerei durch.

Johann Joachim Kaendler kam 1731 als Künstler in die Manufaktur. Schon bald überflügelte er seinen Meister. Es entstanden Tierplastiken aus Porzellan. Kein anderer hatte sich daran versucht. Später schuf er vor allem Figuren, Gruppen von Menschen und Tieren. Die Entwicklung der Geschirrformen zur Herstellung von Services gelang ihm.

Das Tafelgeschirr aus edlem Porzellan war für das Leben am Hofe ein Bedürfnis.

Im Jahre 1774 übernahm Graf Marcolini als Direktor die Manufaktur. Er praktizierte verschiedene Herstellungsverfahren. Dank der handwerklichen Fähigkeiten seiner Mitarbeiter erzielten sie eine gute Qualität. Viele Arten von Porzellan wurden entwickelt, es entstanden wahre Kunstwerke, welche heute noch zu bestaunen sind. Das wohl schönste und eigenwilligste Service im 19. Jahrhundert ist das Speisegeschirr mit dem bekannten Weinlaubmuster.

Zur damaligen Zeit gab es noch keine breite einflussreiche Schicht bürgerlicher Auftraggeber. Die Manufaktur wurde 1831 dem sächsischen Staat unterstellt. Das Interesse des Adels an Meißner Porzellan nahm zu. Bestellungen aus den Fürstenhäusern Frankreichs, Englands, Russlands und Preußens gingen ein. Das wirtschaftlich erstarkende Bürgertum suchte Lieferanten für Luxuswaren, um damit die gesellschaftliche Stellung zu dokumentieren. Das Glanzgold wurde erfunden, welches nach dem Auftragen nicht mehr poliert werden musste. Somit zog Prunk und Wohlstand in die Paläste.

Zu einem Jubiläum 1860 wurde vermerkt:

„Der deutsche Fürst, der englische Lord, der elegante Franzose, der russische Magnat und der reiche Kaufmann aus New Yorck setzen gleichmäßig einen Stolz darein, ihre Landsitze mit den Zeugnissen der Meißner Fabrik auszuschmücken."

Durch die stürmische Entwicklung der Fabrikationstechniken konnten sich Studenten der Dresdner Kunstakademie in der Meißner Manufaktur entfalten. Bei Weltausstellungen erwarben sie viele Auszeichnungen. Der Betrieb gestaltete sich zu einem modernen Unternehmen. Immer mehr Versuche wurden unternommen, um Handmalereien durch Maschinenkraft zu ersetzen.
Im Jahr 1865 begann der Umzug in die moderne Produktionsstätte nach Meißen-Triebischtal. Noch heute hat das Porzellan in aller Welt einen wohlklingenden Namen.
Heißt es im Volksmund „Scherben bringen Glück", kann es bei solch einem Stück sehr teuer werden.

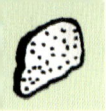

Gut bekömmliches Gebäck

Griechen und Römer kannten ein Gebäck, das lange Haltbarkeit besaß. Die Herstellung begann mit der Entdeckung von Hefe und deren Gärung. Davon wurden die Backwaren leicht und weich. Zur Verlängerung der Lagerzeit und Verfeinerung des Röstgeschmackes schob man sie ein zweites Mal in den Backofen.

In Deutschland tauchte ein solches Nahrungsmittel erst um 1450 auf. Zwieback wurde das Gebäck, im Volksmund „zweygeback" oder der „Zweigebackene" genannt. Er diente Seeleuten als Reiseproviant und Soldaten als Marschverpflegung. Zwieback hat sicherlich auch einen Platz in euren Schultaschen gefunden.

Im Jahre 1696 eröffnete im Lausitzer Ort Neukirch Christoph Hultsch eine kleine Landbäckerei. Außer den üblichen Backwaren stellte er auch viele andere Leckereien her. Das Geschäft lief gut und jeder im Ort lobte die Backkunst.

Über Jahrhunderte blieb das kleine Unternehmen in Familienbesitz. 1898 übernahm Max Hultsch nach seinen Lehr- und Wanderjahren das Geschäft. Diese Zeit hinterließ nicht nur gute, sondern auch traurige Eindrücke. Er sah wie hoch die Kindersterblichkeit war und wollte ein leicht verdauliches Gebäck entwickeln, welches den Kindern helfen sollte. Vom haltbaren Hefegebäck hatte er bereits gehört. Gemeinsam mit einem Arzt knobelte er an der Verbesserung der Rezeptur. Der neue Zwieback war bekömmlich und magen-freundlich. Als Hultsch-Zwieback kam das Diätgebäck erfolgreich auf den Markt und trug den Namen seines Erfinders.

Aus den sächsischen Speisekammern war er nicht mehr wegzudenken, da er bei Magen- und Darmkrankheiten eine Linderung herbeiführte, ausheilend wirkte und den Hunger stillte.

Großhändler bestellten die Ware für ihre Geschäfte. Ab 1917 konnten diese mit den firmeneigenen Fahrzeugen beliefert werden. Sogar als 1929 das Luftschiff „Graf Zeppelin" zu seiner ersten Weltrundfahrt aufstieg, befand sich Hultsch-Zwieback mit an Bord.

Der kleine Betrieb blieb erhalten und entwickelte sich zu einer erfolgreichen Zwiebackfabrik. Die Produktion stieg ständig. Im Sinne seiner Vorfahren führte Max Hultsch das Unternehmen zu einem Musterbetrieb.

Zwiebacksalat
für heisse Tage

8 Scheiben Zwieback
1 kleine rote Paprikaschote
1 kleine grüne Paprikaschote
300 Gramm Tomaten
50 Gramm Lauchzwiebeln
2 Esslöffel Essig
2 Esslöffel Olivenöl
1 Bund Petersilie
2 Teelöffel Kapern
Salz, frischer Pfeffer

Die Zwiebackscheiben würfeln, die Paprikaschoten halbieren, entkernen und abwaschen, Lauchzwiebeln putzen und in Ringe schneiden, Tomaten waschen und würfeln, Petersilie putzen, waschen und fein hacken. Paprika mit Lauchzwiebeln, den Tomatenwürfeln und der Petersilie vermengen, mit Salz, Pfeffer, Essig, Öl und Kapern würzen. Eine Stunde vor dem Servieren den Zwieback zugeben und alles miteinander vermischen.

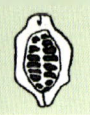

Süße Arznei und Harry Potter

Die Geschichte der Schokolade ist lang und geht zurück auf die Ureinwohner Mittel- und Südamerikas. Vielleicht habt ihr schon einmal vom Kakaobaum gehört, den man auch Schokoladenbaum nennt. Die Früchte heißen Kakaobohnen, welche sich durch eine lange Verarbeitung in Schokolade verwandeln. Im 17. Jahrhundert wurde in Deutschland die Schokolade in flüssiger Form meist gegen alle möglichen Erkrankungen als Wundermittel in Apotheken verkauft.

Die Entwicklung der Schokoladenindustrie ist eng mit der Stadt Dresden verknüpft. 1823 wurde die erste Schokoladenfabrik von der Firma Jordan & Timaeus gegründet. Sie setzte Dampfmaschinen ein und stellte erstmals Schokolade in fester Form her.

Der Wiener Konditor Hromadka und der Kaufmann Vollmann gründeten 1876 eine Waffelfabrik, die spätere Spezialitätenbäckerei Dr. Quendt. Fertige Eisenbahnstrecken nach Leipzig und Görlitz sowie die Schifffahrt auf der Elbe verbanden Dresden mit den wichtigen Handelsstraßen. Hier war der ideale Platz für aufstrebende Firmen. Anfang des 20. Jahrhunderts stand Sachsen an der Spitze der deutschen Schokoladenproduktion. Zu dieser Zeit gab es 26 Schokoladen- und Zuckerfabriken mit 4000 Beschäftigten. In der Folgezeit entstand auch die Pralinenmanufaktur Wendler. Der Gründer erfand die Schichtpralinen, die ihr als Dominosteine kennt.

Auf der Suche nach besonders gesunden Spezialitäten stieß Dr. Quendt auf das Dinkelgetreide und entwickelte ein knusperlustiges „Dinkelchen", ein von zarter Vollmilchschokolade umhüllter Buchstaben-Knabberspaß, den ihr sicherlich schon gegessen habt.

Was hat nun letztendlich Harry Potter mit Schokolade zu tun? Wie ihr wisst, kann man im „Honigtopf" viele Sorten Schokolade entdecken, die dann auf der Krankenstation der Zaubererschule „Hogwarts" an die kleinen Patienten verteilt werden. Und sollte ich jetzt Appetit auf Schokolade gemacht haben, dann lasst euch gemeinsam mit euren Freunden ein Schokoladen-Fondue schmecken. Ihr könnt es selbst mit Obst zubereiten und habt bestimmt viel Spaß dabei.

Ihr braucht dazu:

500 g Schokolade, 40 g Crème fraiche, in Stücke geschnittenes frisches Obst, z.B. Birnen, Bananen, Äpfel, Pfirsiche, Pflaumen, Aprikosen, Ananas, Erdbeeren, Weintrauben und ähnliches.

Zubereitung:

Im Topf Crème fraiche etwa 2 Minuten erwärmen, Schokolade in kleinen Stücken hinzufügen und 10 Minuten unter Rühren schmelzen lassen bis die Masse vermischt ist, dann das Gefäß auf ein Wärmestövchen stellen. Das Obst wird inzwischen in kleine mundgerechte Stücke geschnitten, aufgespießt und in die heiße Schokolade getaucht. Guten Appetit!

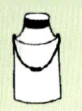

Pfunds Molkerei

Habt ihr schon einmal in einem Laden eingekauft, der über 100 Jahre alt und im Guiness-Buch der Rekorde eingetragen ist? Nein, dann sollte der Weg euch in den schönsten „Milchladen der Welt" nach Dresden führen. Diese Auszeichnung erhielt er wegen seiner Ausstattung mit annähernd 250 Quadratmeter handgemalten Fliesen. So begann alles:

Paul Pfund bewirtschaftete einen Bauernhof, aber das Landleben langweilte ihn. Bei seinen Besuchen in Dresden hatte er erkannt, dass die Versorgung der Bevölkerung nicht so klappte. Da immer mehr Menschen vom Land in die Stadt zogen, wurden auch mehr Molkereiwaren benötigt.

Wegen des langen Transportes war die Milch meist sauer, bevor sie an die Kunden kam. Eine Variante wäre gewesen, die Kuh zu den Menschen in die Stadt zu bringen. Deshalb kauften die Pfunds ein Grundstück mit Laden in der Dresdner Neustadt und zogen mit sechs Kühen hierhin. Zwischen Laden und Stall wurde ein Fenster eingebaut. Das war für die Stadtkinder äußerst interessant. Sie konnten beim Melken zuschauen, während die Mütter in Ruhe einkauften.

Das Grundstück reichte bald nicht mehr aus und der Umzug erfolgte in die Bautzner Straße. Bruder Friedrich arbeitete nun auch im Betrieb mit und gemeinsam gründeten sie die Dresdner Molkerei Gebrüder Pfund. Ein großes Unternehmen entstand. Es gab viele Pferdewagen für den Milchtransport, eine Druckerei für Etiketten und Reklameschilder, eine Schmiede für die Hufeisen der Pferde und eine Schneiderei für die Uniformen der Kutscher. Sogar die Blechdosen für die Kondensmilch wurden selbst gefertigt. Ein besonders schöner Milchladen entstand 1891. Dessen Wände, Fußboden, Decke und Verkaufstheke waren mit Fliesen ausgestattet. Die geschäftstüchtigen Brüder ließen eigene Holzhäuschen entwerfen und aufstellen. So konnte auch den Spaziergängern im Großen Garten Milch angeboten werden.

Neben der Herstellung von Butter, Käse, Sahne, Joghurt, Buttermilch, Milchpulver und Kindernahrung wurden auch Kosmetikartikel, wie Milchseife, -lotion und Buttermilchseife entwickelt. Kondensmilch exportierte man sogar nach China, Indien, Japan, Afrika und Amerika. Das alles brachte große Gewinne. Für die Arbeiter entstanden Werkswohnungen und ein Kindergarten. Es gab eine geregelte Arbeitszeit von acht bis sechzehn Uhr.

Später übernahm eine Handelsorganisation das Geschäft. Bei den geplanten Modernisierungsarbeiten sollten die einmaligen Fliesen und die Verkaufstheke entfernt werden. Zum Glück kam es nicht dazu und es gelang dieses Kleinod 1968 unter Denkmalschutz zu stellen.

Nach einer aufwändigen Rekonstruktion ist der schöne Milchladen heute wieder in seiner alten Pracht zu bestaunen.

Eine Reblaus im Elbtal

Wisst ihr überhaupt, wo in Sachsen Wein angebaut wird?
Über Stock und Stein geht es etwa 60 Kilometer durch das Elbtal. Die Straße durchquert die kleinste deutsche Weinregion zwischen Diesbar-Seußlitz, Meißen, Radebeul, Dresden und endet in Pirna.
Markgraf Heinrich der Erlauchte schenkte im Jahre 1272 dem Kloster Seußlitz einen Weinberg. Bischöfe und Mönche betätigten sich als Winzer, besaßen sie doch auch einige solcher Berge in bester Lage. Messwein war schließlich unentbehrlich beim Abendmahl. Die heiligen Brüder produzierten nicht nur für ihren Eigenbedarf, sondern auch für den Handel. In der Folgezeit entstanden elbauf- und -abwärts die besten Tropfen, die an den sonnigen Hängen der Elbe durch das milde Klima gut gedeihen konnten.
Seine größte Ausdehnung erfuhr der Anbau im 15. Jahrhundert. Kurfürst August ließ rheinische Reben pflanzen und große Keltereien anlegen. Darauf folgte die erste Weinbergsordnung. Kurfürst Johann Georg I. war der Erbauer einer Bergkirche und Gründer eines Lusthauses, das dem sächsischen Hof heitere Aufenthalte bot. Der Adel lebte dort in Saus und Braus und feierte rauschende Feste.
Doch es gab auch schlechte Zeiten. Strenge Winter sowie die Konkurrenz von Bier, Kaffee und Tee standen dem Anbau im Wege. Wenige Arbeitskräfte sowie billigere und bessere Weine aus westlicheren Anbaugebieten taten das Nötige.
Im 19. Jahrhundert erfolgte wiederum ein erheblicher Einbruch.

Die Einschleppung der Reblaus vernichtete den Rest. Dies befürchteten die Winzer schon lange. Die Schmarotzer hatten nun das Elbtal erreicht. Weinbauern und ihre Helfer gerieten in Panik.

Wenn nicht ein Wunder geschah, drohte jahrelange Vernichtung. Doch die Laus stach in die Wurzel und saugte sie aus. Mit Strunk und Stiel rodeten Winzer die Rebstöcke. Riesige Feuer flammten auf.

Die Rettung brachte ein Franzose, Planchon, der gemeinsam mit den Winzern widerstandsfähige Sorten aus amerikanischen Wildreben und europäischen Züchtungen kreuzte. Der Erfolg stellte sich einige Jahre später ein. Weinbauern setzten die Veredlung im großen Stil fort. Heute knüpft mancher wieder an alte Traditionen an.

Entlang der Straße findet man urgemütliche Schoppenstuben und romantische Kellergewölbe aus dieser Zeit. Es gibt etwa 2000 Hobbywinzer und mehrere Weingüter. Im Herbst zur Lese ziehen ganze Familien in die Weinberge.

Sehenswert ist das alte Barockschloss in Diesbar-Seußlitz, das 1725 durch Heinrich dem Erlauchten erbaut wurde. Dieses Schmuckstück, von vielen Weinbergen umgeben, gibt noch heute dem Ort seine persönliche Note. Etwas Sonderbares hat er zu bieten. Aus einer Flasche ist eine eigenwillige Keulenform entstanden, gefüllt mit selbst gekeltertem Wein. So entsteht ein tolles Produkt mit einer einzigartigen Qualität und Rarität.

Wer die Weinstraße zu Wasser erleben will, der kann direkt mit dem Schaufelraddampfer gemächlich die Elbe entlang schippern.

Radeln entlang der Weinstraße

Wir radeln dem tausendjährigen Meißen entgegen. Der malerische Anblick zog zu allen Zeiten nicht nur Künstler in seinen Bann. Kirchenleute und Bischöfe galten als die Förderer des Weinanbaus. Es war Bischof Benno von Meißen, der im Jahr 1066 die ersten Rebstöcke angepflanzt haben soll. Bereits wenige Jahre später hatte sich diese Stadt zu einem bedeutenden Handelsplatz entwickelt. Die Brüder Kurfürst Ernst und Albrecht ließen ein Prachtschloss, die Albrechtsburg, errichten.

Ohne das Spaargebirge mit seinen sich an den Hängen schmiegenden Weinbergterrassen wäre der Weinanbau nicht möglich. Diese kleine malerische Hügelgruppe lädt zu gemütlichen Spaziergängen ein. Oft geht es in den Lagen sehr steil nach oben. Auch der Wanderer bekommt eine Ahnung, wie beschwerlich die Wege der Winzer mit ihren Trauben gefüllten Butten sein können.

Meißen ist die Wiege der ersten bürgerlichen Weinbaugesellschaft. Diese wurde bereits im November 1799 gegründet. Etwas später entstand die erste Winzerschule.

Weiter geht es nach Radebeul. Die Wein- und Gartenstadt ist reich an Besonderheiten und eng mit dem sächsischen Weinanbau verbunden.

Das Barockschloß Wackerbarth liegt inmitten von Weinbergen und vermittelt noch immer etwas Glanz von der einstigen feinen Lebensart der Herrschenden. Heute beherbergt es das sächsische Staatsweingut, in dessen Kellern neben Wein auch Sekt reift.

In der zweiten Hälfte des 20. Jahrhunderts befanden sich die

Weinberge in einem schlechten Zustand, da sie sehr vernachlässigt wurden. Schließlich entschied die Regierung nach 1990 die Flächen der Stöcke aufzureben, um so den Anbau wieder voranzutreiben.

Am Elbhang führen 365 Stufen den Weinberg hinauf. Sie sollen die mühevolle Arbeit der vielen Winzer in den Steilhängen erleichtern. Man nennt sie die Himmelsleiter. Rechts und links befinden sich fruchtige Rebhänge, kein Wunder, dass 1622 das Weinberghaus Hoflößnitz errichtet wurde. Dort ist heute ein Museum untergebracht mit einer alten Presse, Fässern und weiteren Utensilien.

Wandert oder radelt man durch die sanften Hügel ist von weitem die drittälteste Schmalspurbahn Deutschlands zu erkennen. Schnaufende und dampfende uralte Lokomotiven ziehen den kleinen historischen Zug durch die Landschaft. Einheimische nennen ihn liebevoll „Lößnitz-Dackel".

Pirna, das Tor zur Sächsischen Schweiz, war einst zentraler Handelsplatz zwischen Böhmen und Sachsen. Jeder Händler, der die Elbestadt passierte, musste erst seine Waren zum Verkauf anbieten, bevor er den Transport auf Fuhrwerken oder Kähnen fortsetzen durfte. Die Schifffahrt spielte eine wichtige Rolle. Sandstein wurde gebrochen, Erz aus dem Gebirge weitertransportiert. Acht historische Raddampfer verkehren noch heute auf der Elbe. Sie bilden die größte und älteste Flotte der Welt.

Lausitzer Weber

Schon frühzeitig entwickelte sich die Weberei in der sächsischen Oberlausitz. Bereits 1390 kam es zur Gründung einer Weberzunft in Zittau. Auch auf dem Lande wurde dieses Handwerk ausgeübt, meist als Nebenbeschäftigung. Kleinbauern und Gärtner konnten sich von ihrem Boden nicht genügend ernähren und stellten deshalb einen Webstuhl auf.

Die Weber in den Städten versuchten diese Tätigkeit auf dem Lande zu unterbinden. So zogen sie im Februar 1627 mit den Ratsdienern tagelang umher, schlugen den Dorfbewohnern die Stühle entzwei und nahmen ihnen die Garne weg. War mit Gewalt nichts erreicht worden, versuchte man es mit Geld. Für das Setzen eines neuen Webstuhles wurde ein Stuhlzins und jährlich eine Gebühr verlangt. Die Zahl der Webstühle auf dem Lande stieg trotzdem an. Die Herstellung von Leinwand gewann an Bedeutung. In Zittau entstand ein Leinwandhaus. In ihm fand an jedem Sonnabend ein öffentlicher Markt für Linnen statt. Bis zehn Uhr durften die Bürger einkaufen und danach erst die fremden Kaufleute. Die gesteigerte Nachfrage an diesen Geweben veranlasste deshalb auch Nürnberger Fernhändler über die Hohe Straße in die Lausitz zu kommen.

In ihren Häusern, den Umgebindehäusern, arbeiteten Mann, Frau und Kinder von früh bis spät. Trotzdem war in vielen Familien die Not oft zu Gast. So sehr sie sich auch mühten, das Geld reichte gerade fürs tägliche Leben. Bereits im Alter von fünf bis sechs Jahren mussten viele Kinder in der Heimweberei mitarbeiten. Darum besuchten sie die Schule unregelmäßig. Schulgeld zahlten die Eltern nur für die Tage, an denen die Kinder tatsächlich am Unterricht teilnahmen. Der Verdienst des Lehrers fiel aus diesem Grund gering aus. Deshalb war auch er gezwungen einen Webstuhl aufzustellen oder ein anderes Handwerk auszuüben.

Weber, die gleichzeitig Bauern waren, bauten den Flachs selbst an und verarbeiteten ihn zu Garn. Es wurde immer mehr gebraucht und so entstanden in den Städten bald Garnmärkte, auf denen einheimische Händler eingeführte Garne zum Kauf anboten. Etwas wohlhabender waren die Kleinmeister, die meist mehrere Webstühle besaßen. Außer den Familienangehörigen arbeiteten fremde Webergesellen und Mägde mit, welche in dieser Zeit im Haushalt lebten. Zu den Besserverdienenden gehörten Verleger, die den Webern ihre Arbeiten von ein bis zwei Wochen abkauften, natürlich für weniger Geld als sie selbst dafür erhielten. Das brachte gute Gewinne ein. Fabrikant Marx, der selbst erst Verleger war, stellte 1858 die ersten mechanischen Webstühle in Seifhennersdorf auf. Niemand wollte anfangs in der Fabrik arbeiten. Nur zaghaft wagten jüngere Leute den Schritt, denn ein höherer Verdienst von etwa 20 Prozent lockte. Als man erkannte, dass die Hausweber trotzdem ihre Arbeit behielten, entschieden sich immer mehr dazu. Viele gaben später ihre Werkstatt auf und wurden Fabrikarbeiter.

Königliche Tischwäsche

Der sächsische König Friedrich August der Starke hatte zu einem großen Fest geladen. Herrscher aus anderen Ländern kamen, um kräftig zu feiern. Sie alle trugen prunkvolle Kleider und goldenen Schmuck. Jeder wollte seinen Reichtum zeigen.

Die Räume im Schloss waren mit kostbaren Möbeln ausgestattet. Auf der reichlich gedeckten Festtafel stand wertvolles Meißner Porzellan. Extra für dieses Fest hatte der König neue Tischdecken bestellt und liefern lassen.

Unter dem großen goldenen Leuchter in der Mitte der Tafel prangte das eingewebte sächsische Wappen. Persönliche Tischwäsche für den König - so etwas hatte noch niemand gesehen! Das wollten die anderen natürlich auch für ihre Tische haben. Sie fragten sofort, wer die herrlich glänzenden Decken herstellt. Dabei erfuhren sie Folgendes:

Das edle Gewebe kam ursprünglich aus Persien und wird nach der Stadt Damaskus „Damast" genannt. Es wurde in den Webereien in und um Großschönau produziert.

Im Jahre 1666 reisten die Brüder Friedrich und Christoph Lange nach Holland. Dort lernten sie die Technik der Damastwebstühle kennen.

Die Herstellung von Damasten war äußerst aufwändig. Die gewünschten Motive mussten zuerst von einem Mustermaler, meist ein ausgebildeter Künstler, gezeichnet werden. Danach erfolgte die

Übernahme des Musters in die Maschine. Diese Arbeit erforderte größte Genauigkeit.

Ein Gedeck mit eingewebtem Wappen stellten die Weber nur auf Bestellung her. Es hatte deshalb einen viel höheren Preis als ein Jagdmotiv, das in größeren Mengen produziert wurde.

So entwickelte sich Damast zu einem Luxusartikel. Ein Tafeltuch samt Servietten hatte mitunter den Wert eines mittleren Bauerngutes.

Aufgrund der hohen Qualität des Großschönauer Damastes errang er auf der Leipziger Messe und anderen internationalen Ausstellungen zahlreiche Preise.

Die wichtigsten Abnehmer waren Handelshäuser in Dresden, Leipzig, Hannover und Amsterdam. Nach Dresden wurde die Ware teilweise in Schubkarren transportiert. Die Fabrikanten lieferten auch nach Österreich, Frankreich, Italien, Spanien und Amerika. Zu den bedeutendsten Damasthandelsplätzen gehörten Zittau und Bautzen. Anfangs versuchten Großschönauer Damastweber die ohne Bestellung gefertigte Ware durch Hausieren im Ausland zu vertreiben. Die Damastweberordnung verbot allerdings 1743 die Haustürgeschäfte.

Mehr über dieses interessante Thema könnt ihr im Damast- und Heimatmuseum Großschönau erfahren.

Alte Bräuche sind mega in

Über die Oberlausitz gibt es eine tolle Geschichte zu berichten.
Diese Region ist mit einem slawischen Stamm der Sorben untrennbar verbunden. Vor mehr als 1300 Jahren gelangten im Zuge der Völkerwanderung Slawen in das Gebiet der Lausitz. In diesem überwog die sorbische Bevölkerung. Trotz zunehmender deutscher Einflüsse behielten sie ihre Selbstständigkeit. Landwirtschaft und dörfliches Handwerk, ergänzt von Bienenzucht, Holzfällen sowie Pechsieden waren die wichtigsten Beschäftigungsarten.

Diese Menschen verfügten über gesellschaftliches Ansehen und wirtschaftliche Macht. Gemeinsam mit der deutschen Bevölkerung halfen sie bei der Entwicklung der Städte, deren Ausbau und Aufschwung. Besondere Bedeutung hatten dabei die Fernhandelsstraßen, die mitten durch das sorbische Siedlungsgebiet führten. Am Kreuzpunkt dieser Straßen entstand Bautzen. Die Stadt wurde zu einem bedeutenden Handelszentrum.

Die Sorben leben heute in der Ober- und Niederlausitz. Sie sind nur noch eine kleine nationale Minderheit. Der alte slawische Volksstamm hat seine eigene Sprache, lange Geschichte und eine reiche Kultur. Dazu zählen unter anderem volkstümliche Bräuche, wie die Vogelhochzeit, das Ostereier bemalen und das Osterreiten.

Ein Highlight ist die folkloristische Volkstanzgruppe mit ihren farbenprächtigen Trachten.

Kaum ist das Weihnachtsfest vorüber, freuen sich die sorbischen

Kinder schon auf ein neues Fest, die Vogelhochzeit. Sie werden als Braut und Bräutigam verkleidet, manche putzen sich auch als Vögel heraus. Was für ein Gaudi! Auf die Fensterbretter werden für Sperlinge, Amseln und Elstern Teller mit Nüssen gestellt. Auch die Kinder bekommen Naschwerk und verschiedene Leckereien. Das wichtigste Fest ist Ostern. Schon Wochen vorher beginnen die Vorbereitungen. So werden nach alter Tradition die Eier bemalt. Es entstehen farbenprächtige Kunstwerke, die in besonderer Technik mit phantasievollen Mustern versehen werden. Sorbische Ostereier sind weit über die Lausitz hinaus bekannt und begehrt.

Für den Osterritt putzen Männer die Messing- und Silberteile ihrer Sättel. Das Zaumzeug wird gesäubert, die Pferde gestriegelt und ihre Mähnen sogar frisiert. Die Reiter ziehen schwarze Gehröcke an, setzen ihre Zylinder auf und besteigen die geschmückten Pferde. Treff ist auf dem Dorfplatz und anschließend reitet der Trupp singend von Ort zu Ort. Später wird er auf den Höfen freundlich empfangen und mit Essen und Trinken bewirtet.

Via imperii

Die „Via imperii", deutsch „Reichsstraße", war eine wichtige Handelsverbindung, vielleicht die längste und vielbefahrenste Straße überhaupt. Sie verlief von der Ostsee im Norden bis zur Adria im Süden. Diese Strecke strapazierte Mensch und Tier ungeheuerlich, denn man darf sich unter dem Namen „Reichsstraße" nicht viel mehr als einen Wechsel von Feld-, Wald- und Wiesenweg vorstellen. Die Bedeutung des Ost-West-Handels nahm gegenüber dem Nord-Süd-Handel zu. Demzufolge verschoben sich auch die Handelszentren immer mehr ostwärts. Die Strecke Leipzig - Nürnberg war für unser Gebiet der wichtigste Verkehrsweg, denn er verband zwei Messestädte. Im 15. Jahrhundert profitierte Leipzig von den sich verändernden Handels- und Verkehrsbedingungen. Waren zuvor die großen Verkaufsplätze Erfurt und Naumburg, rückte später Leipzig ins Zentrum des Marktgeschehens. Kaufleute trafen sich, vor allem seit Kaiser Maximilian I. diese Stadt im Jahre 1497 zur Reichsmessestadt erhoben hatte.

Über Jahrhunderte bestimmten die Messen den Handel. Je komplizierter er wurde, desto aufwändiger gestalteten sich Buchführung und Schriftverkehr. Schreiberlinge setzten Handelsverträge auf sowie Bestellungen, Rechnungen und vieles mehr. Schulden verzeichnete man auf einem Kerbholz. Eine Hälfte des Holzes erhielt der Schuldner, die andere der Gläubiger. Kerbhölzer wurden auch für eine bargeldlose Zahlung genutzt. Aufzeichnungen der Geschäftsverträge und eine erfolgreiche Geschäftsführung waren notwendig. Es ist deshalb kein Wunder, dass in Leipzig Waren aus allen Teilen Europas gehandelt wurden.

Die Welt in einer Nuss

An der Burg Libzi kreuzten sich zwei große Handelsstraßen, die Via Regia und die Via Imperii. Hier bildeten sich die ersten Ansiedlungen. Kaufleute aus Sachsen, Polen, Böhmen und vom Rhein tauschten ihre Waren auf den entstandenen Märkten. Um 1165 verlieh Markgraf Otto von Meißen an Leipzig das Marktrecht.

Händler aus allen Himmelsrichtungen hatten oft eine beschwerliche Reise hinter sich. Einige kamen mit leeren Händen, da sie unterwegs überfallen und ausgeraubt wurden. Andere verloren dabei sogar ihr Leben. Deshalb freuten sich die Handelsleute über das Geleitprivileg, dass Markgraf Dietrich von Landsberg etwa 100 Jahre später herausgab. Kaufleute und ihre Waren fuhren nun sicher von und nach Leipzig. Allerdings musste für diesen Schutz ein Obolus gezahlt werden.

Kaiser Maximilian I. bestätigte 1497 den Leipzigern das Recht drei Jahrmärkte abzuhalten. Nun herrschte für acht Tage nicht nur zu Ostern und im Herbst reges Markttreiben, sondern auch noch nach Neujahr. Diese Märkte entwickelten sich sehr gut, denn durch das Meilenprivileg durften im Umkreis von 15 Meilen, etwa 125 Kilometer, keine anderen Märkte entstehen.

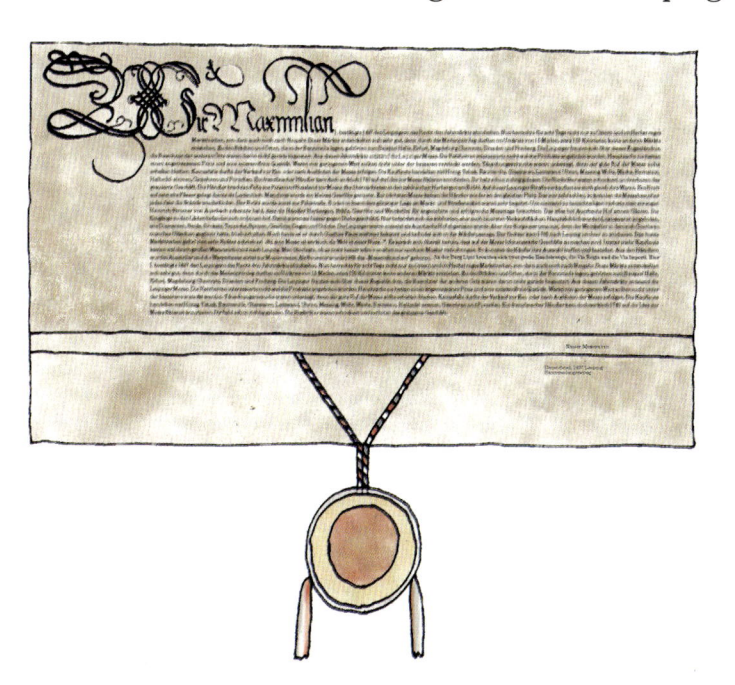

Zu den Städten, die in der Bannmeile lagen, gehörten zum Beispiel Halle, Erfurt, Magdeburg, Chemnitz, Dresden und Freiberg. Die Leipziger freuten sich über dieses Zugeständnis, die Bewohner der anderen Orte waren davon nicht gerade begeistert. Aus diesen Jahrmärkten entstand die Leipziger Messe.

Die Ratsherren interessierte nicht welche Produkte angeboten wurden. Hauptsache sie hatten einen angemessenen Preis und eine einwandfreie Qualität. Waren von geringerem Wert durften nicht unter den besseren Erzeugnissen versteckt werden. Täuschungsversuche verbot man, denn der gute Ruf der Messe sollte erhalten bleiben. Untersagt war der Verkauf vor Ein- oder nach Ausläuten der Messe.

Die Kaufleute handelten mit Honig, Tabak, Baumwolle, Glaswaren, Leinwand, Uhren, Messing, Wolle, Wachs, Bernstein, Halbedelsteinen, Gewehren und Porzellan. Ein französischer Händler kam doch wirklich 1740 auf die Idee Sklaven anzubieten. Ihr habt schon richtig gelesen. Die Stadtväter waren schockiert und verboten das grausame Geschäft.

Die Händler brachten Felle aus Polen und Russland zur Messe. Sie übernachteten in den zahlreichen Herbergen am Brühl. An diesem Ort verkauften sie gleich ihre Waren. Ein Brett auf zwei alten Fässern diente als Ladentisch. Manchmal wurde ein kleines Gewölbe gemietet. Zur nächsten Messe kamen die Händler wieder an den gleichen Platz. Das war sehr schlau, so konnten die Messebesucher jedes Jahr die Stände wieder finden. Der Brühl wurde somit zur Pelzstraße. Buden in besonders günstiger Lage an Markt- und Straßenecken waren sehr begehrt. Um niemand zu benachteiligen, verloste man sie sogar.

Heinrich Stromer von Auerbach erkannte bald, dass die Händler Herbergen, Ställe, Gewölbe und Weinkeller für angenehme und erfolgreiche Messetage brauchten. Das alles bot Auerbachs Hof seinen Gästen. Die Eingänge zu den Läden befanden sich im Innenhof. Damit waren sie besser gegen Diebe geschützt. Hier konnte man die schönsten, aber auch teuersten Verkaufsflächen finden. Hauptsächlich wurden Luxusgüter angeboten, wie Diamanten, Seide, Brokate, Teppiche, Spitzen, Gewürze, Degen und Dolche.

Die Leipziger zeigten sich entsetzt, als man Auerbachs Hof abriss. Aber ihre Sorge war umsonst, denn der Weinkeller, in dem sich Goethe so manches Gläschen gegönnt hatte, blieb erhalten. Noch heute ist er durch Goethes Faust weltweit bekannt und befindet sich in der Mädlerpassage. Der Dichter kam 1765 nach Leipzig um hier zu studieren. Das bunte Markttreiben gefiel ihm sehr. Später schrieb er: „So eine Messe ist wirklich die Welt in einer Nuss...".

Es sprach sich überall herum, dass auf der Messe lohnenswerte Geschäfte zu machen sind.

Immer mehr Kaufleute kamen mit ihrem großen Warensortiment nach Leipzig. Sie überlegten, ob es nicht besser wäre von allen nur noch ein Muster mitzubringen. So konnten die Käufer ihre Auswahl treffen und bestellen. Die Händler entwickelten sich zu Ausstellern und die Warenmesse somit zur Mustermesse.

Als Symbol für weltweiten friedlichen Handel wurde 1965 das „Messemännchen" geboren.

Seit 1996 finden auf dem neuen Gelände Fachmessen statt. Großes Interesse erweckt bei euch sicher die Games Convention, eine Ausstellung für Computerspiele.

Bücher in Fässern

Leipzigs günstige Lage an alten Handelsstraßen, Universität und Messen förderten zu Beginn des 15. Jahrhunderts das Buchwesen. Zuerst handelte man mit Büchern, bevor Kirche und Universität Drucke in Auftrag gaben. Zahlreiche Verleger und Buchhändler siedelten in der Stadt an. Das Druckgewerbe blühte auf. Leipzig entwickelte sich zu einem führenden Buchhandelsplatz.

Bücher und Zeitungen wurden damals in Fässern oder in Ballen transportiert. Zum Versenden vieler einzelner Bücherpakete entstand als spezielle Form „der Leipziger Ballen".
Oster- und Herbstmessen fanden statt. Viele ausländische Buchhändler richteten Filialen ein. Die Eröffnung der Eisenbahnlinie Dresden - Leipzig und der weitere Ausbau des Verkehrsnetzes brachten neue Anregungen. Das Kommissionsgeschäft entstand. Zu den bekanntesten Drucker- und Verlegerpersönlichkeiten gehörte Joachim Göschen. Seine Verdienste waren richtungsweisend. Die Firma Brockhaus stellte 1826 die erste Schnellpresse auf und leitete die Industrialisierung im Buchgewerbe ein. Der Betrieb wuchs zu einem bedeutenden Unternehmen mit allen technischen Bereichen der Buchherstellung sowie Verlag und Buchhandlung heran. Leipzig war zu einem wichtigen Standort des grafischen Maschinenbaus geworden. Zahlreiche Firmen ließen sich im Osten der Stadt nieder. Diese Besonderheit ging als „Leipziger Grafisches Viertel" in die Geschichte ein. Im Jahre 1912 gab es in Leipzig 300 Druckereien

und Setzereien, 982 Verlage sowie Buchhandlungen, 173 Buchbindereien, 298 grafische Anstalten und 36 Maschinenbaufirmen der Druckindustrie. Für ihre Qualitätsarbeit bekannt erhielten die führenden Leipziger Druckereien Aufträge von Verlagen aus ganz

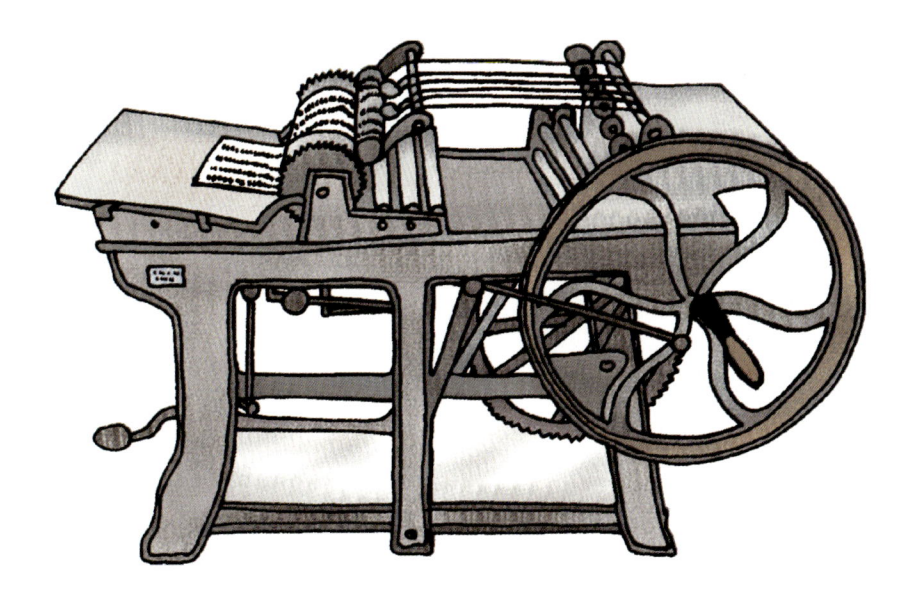

Deutschland und dem Ausland. Der folgenschwere Luftangriff 1943 zerstörte viele Produktionsstätten. In den Jahren danach erfolgte zwar ein Wiederaufbau, aber Leipzig erreichte nie mehr eine vordere Position. Unternehmen müssen sich heute wie die Vorgänger in ihrer Zeit auf neue Märkte, Bedürfnisse und modernste Produktionsverfahren einstellen.

Leipzig ist eine Reise wert. Besucht doch einmal die Buchmesse, die traditionell im Frühjahr stattfindet. Sie bietet euch ein erlebnisorientiertes Bücherereignis. Besonders beliebt bei Jung und Alt ist der Comic-Bereich, der in den letzten Jahren zum „In-Treff" seiner Fans in Deutschland geworden ist.

Bald ist wieder Jahrmarktszeit

Zu Ehren des Erzengels Michael feierten die Bauern vielerorts Ende September den Abschluss der Ernte in Form eines Jahrmarktes. Stadtknecht und Zimmermann hatten sich tüchtig ins Zeug zu legen, wenn diese Zeit gekommen war. Die Stände mussten rechtzeitig stehen. Aus allen Teilen des Landes strömten Kaufleute herbei und brachten ausgefallene Waren in die Stadt. Ein Jahrmarktsregister aus dem Jahr 1550 gibt einen Einblick über alles, was im Angebot gewesen ist. Unter vielen anderen waren dies Fisch, Butter, Käse, Kuchenfett, Öle, Pfeffer, Obst, Gemüse, Wein, Blech, Kupfer, Zinn, Glas, Pech, Pulver, Klingen, Messer, Mühlsteine, Sicheln, Sensen, Schleifsteine, Garne, Leinwand, Tuche, Baumwolle, Leder.

Kaum zu glauben, Felle erfreuten sich besonders großer Beliebtheit bei den Käufern. Hing das etwa mit dem Sprichwort „Bringt St. Michael Regen, kannst du gleich den Pelz anlegen" zusammen? Es war allerhand los. Pferdehändler kamen mit Reit- und Zugtieren zum Markt. Quacksalber priesen rätselhafte Heilgetränke und Salben von zweifelhafter Beschaffenheit an.

Der Jahrmarkt fand entweder auf dem Marktplatz oder auf einer großen Wiese statt. An vielen Ständen konnte der Hunger gestillt werden. Konfekt, Kuchen und allerlei Süßigkeiten bot man feil. Ein lieblicher Duft stieg jedem in die Nase und lockte an die Bäckerstände. Hier lagen goldgelbe Brötchen, knusprige

Brote, Pasteten und Plätzchen in allen Formen. Sie wurden mit heißem Schmalz übergossen und Mandelsplittern garniert, Puderzucker bestreut oder Honig bestrichen. Hm, lecker, das Wasser lief im Munde zusammen.

Auf allen Wegen herrschte ein kunterbuntes Treiben. Es gab jede Menge zu sehen und zu bestaunen. Straßenmusikanten spielten auf. Schausteller mit Karussellen sorgten für das Vergnügen der Bürger. Akrobaten, Feuerspeier, Herkulesse trugen zur Unterhaltung von Groß und Klein bei. Gespannt starrten die Schaulustigen in luftige Höhe. Ein Gaukler balancierte auf einem dünnen Seil über den Köpfen der Zuschauer. Alle hielten den Atem an, als er ins Wanken kam. Puh, noch einmal gut gegangen!

Auch so genannte Glücksversprecher waren gekommen, welche große Gewinne garantierten. Viele wurden dadurch angezogen und wollten ihre Chance nutzen. Allerdings gingen sie leer aus. Hatte man die Würfel vielleicht präpariert? Keiner wusste, ob immer alles mit rechten Dingen zuging.

Diese Zeit war nicht nur ein großes Erlebnis für die Besucher, sondern auch ein Paradies für Taschendiebe und Betrüger. Oftmals hatten sie ein leichtes Spiel. Und schon damals hieß es, gut auf seinen Geldbeutel Acht zu geben.

Jahrmärkte sind wieder in Mode gekommen. Auch heute werden Stände aufgebaut und Schaulustige drängen sich um sie herum. Was gibt es Sehenswertes? Die Neugierde ist groß. Der Jahrmarkt ist von alters her ein Volksfest und wird es immer bleiben.

Kommen Sie näher, kommen Sie ran

In der Zeit ohne Zeitungen und Radios wurde die menschliche Stimme als Werbemittel eingesetzt. Die Ausrufer hatten eine wichtige Bedeutung, denn sie waren Vermittler zwischen Obrigkeit und Bevölkerung. Wenn die Glocke ertönte, kamen die Leute herbei, um Neuigkeiten und wichtige Bekanntmachungen, Gesetze und Verordnungen zu erfahren.

Einige Ausrufer verdienten sich ihren Lebensunterhalt noch als Straßenhändler. Neben dem Verkauf von Waren übernahmen sie das Verbreiten von Informationen, denn sie kamen zu ihren Kunden ins Haus.

Nach der Erfindung des Buchdruckes wurden Handzettel für die Werbung eingesetzt. Reiche Kaufleute ließen diese in der Nähe ihrer Läden verteilen, um die Vorbeigehenden anzulocken.

Auf dem Marktplatz standen die Buden der Händler dicht nebeneinander. Sie mussten sich bemerkbar machen, denn die Konkurrenz war groß. „Kommen Sie näher, kommen Sie ran, hier werden Sie genau so beschissen wie nebenan." Mit lautstarken Rufen und lustigen Sprüchen versuchte jeder auf sein spezielles Angebot aufmerksam zu machen.

Es war fast so wie heute bei den Marktschreiern. Je lauter sie schreien und die anderen mit derben Sprüchen belegen, desto mehr Spaß haben die Zuschauer. Es gilt das Publikum zu unterhalten und gleichzeitig so viel wie möglich zu verkaufen. Zwischendurch fliegen Obst und Wurst durch die Luft. Da heißt es geschickt auffangen oder in Deckung gehen. Viele lassen sich verleiten und gehen voll bepackt nach Hause.

Geraubte Pferde

Hans Michael Kohlhaas, ein rechtschaffener Pferdehändler aus dem Havelland, begab sich Mitte des 16. Jahrhunderts auf den Weg zur Leipziger Messe. Er hoffte gute Geschäfte zu machen und freute sich auf ein Zusammentreffen mit Händlern aus der Ferne. Seine mitgeführten jungen kräftigen Pferde wollte er gewinnbringend verkaufen.

Auf sächsischem Gebiet angekommen, traf Kohlhaas nahe einer stattlichen Ritterburg an einen Schlagbaum, den er bei früheren Reisen nicht vorfand. Da ihm der notwendige Passierschein fehlte, verlangte Burgherr Junker von Zaschwitz zwei seiner prächtigen Rappen als Pfand. Die Tiere gefielen ihm gut, und so ersann der Adlige eine List. Michael Kohlhaas könnte die Pferde auf seinem Rückweg von der Messe mit einem gültigen Passierschein wieder eintauschen. Nichtsahnend eilte der Händler nach Dresden, da die dortigen Räte den notwendigen Schein erteilten.

Der Rest seiner Herde verkaufte sich in Leipzig mit gutem Gewinn und frohgelaunt trat der Pferdehändler seinen Rückweg an. Das Ende seiner Reise sollte ihn erneut auf die Burg an der Elbe führen, um seine Rappen zu holen. Doch wie übel spielte man dem braven Bürger mit. Seine kräftigen wohlgenährten Tiere waren durch alte Klepper ausgetauscht worden. Als sich der Kaufmann über den Betrug fürchterlich empörte, ließ der Junker ihn davonjagen wie einen alten Hund.

Der überrumpelte Händler zog vor Gericht. Nach langem Hin und Her kam der adlige Dieb jedoch ungeschoren davon. So beschloss Hans Michael Kohlhaas, sich selbst Recht zu verschaffen und machte fortan Städte und Straßen unsicher, fast wie der englische Robin Hood. Die Wohlhabenden Sachsens zitterten vor dem wütenden Räuber. Seine Rachsucht war grenzenlos. Landesweit fahndete man nach ihm in Sachsen wie in Brandenburg. Bald konnte er gefasst und nach Berlin gebracht werden. Zur Strafe für seine Taten erwartete ihn eine grausame Hinrichtung. Niemand interessierte sich mehr dafür, dass sein Rechtsgefühl ihn zum Räuber und Mörder hatte werden lassen.

Der deutsche Dichter Heinrich von Kleist setzte dem betrogenen Kaufmann in einer Novelle ein Denkmal, sodass sein Name über viele Generationen nicht in Vergessenheit geriet.

Der Wartturm der Burg Düben beherbergt eine Ausstellung, die uns viel Interessantes über das Leben und Treiben des Hans Michael Kohlhaas erzählt, dessen Leidensweg in dieser sächsischen Gegend begann.

Kunterbunt wie Kraut und Rüben

Aus den Dörfern siedelten mehr und mehr Menschen in Städte über. Die Einwohnerzahlen stiegen dadurch beträchtlich an. Der Handelsplatz, auf dem der Wochenmarkt stattfand, war viel zu klein geworden. Hinzu kamen mangelnde hygienische Bedingungen. Nach Abschluss eines jeden Markttages bedeckten Unmengen von Abfall den Platz. Ein Ortswechsel machte sich dringend erforderlich. So wurde im Mai 1891 der letzte Wochenmarkt vor dem Rathaus in Leipzig abgehalten, bevor der Umzug in die neu errichtete Markthalle erfolgte. An den Buden und Ständen wehten kleine schwarze Fähnchen. Die Markttreibenden brachten damit ihre Trauer über das Verlassen der alteingesessenen Plätze zum Ausdruck.

Kurz nachdem der Nachtwächter in den neuen Tag rief, erschienen die ersten Händler auf den Straßen. Mit Pferdefuhrwerk, Hundekarren oder kleinen Handwagen zogen sie in die Markthalle ein. Dieses neue Gebäude bot 1162 Ständen Platz, somit konnte das Angebot beträchtlich erweitert werden. Nicht nur Lebensmittelhändler, sondern auch Töpfer, Seiler, Bürstenmacher, Böttcher und viele andere boten ihre Produkte an. Acht Eingänge ermöglichten den Zugang. Extra für den Wagenverkehr gab es eine breite Straße. Neun Fahrstühle beförderten große und kleine Besucher. Diese brachten die Kunden problemlos auf die Galerie. Bequem und in aller Ruhe konnte jeder seine Einkäufe tätigen. Händler und ihre Produkte waren nun geschützt vor Regen, Hagel, Sturm, Schnee, Gewitter oder brütender Hitze. Ständiges Auf- und Abbauen der Stände erübrigte sich. Das Markttreiben gab es täglich außer sonntags und an Feiertagen.

Den Ablauf und Betrieb in der Halle regelte eine Verordnung mit 50 Paragrafen. An erster Stelle stand das Verbot des Feilbietens von Erzeugnissen auf Straßen und Plätzen. Lärmen, Singen, Pfeifen, Musizieren und Schreien waren streng untersagt. Bissige Hunde und Pferde hatten einen Maulkorb zu tragen. Für Sauberkeit an den Ständen mussten die Inhaber selbst sorgen. Markthallenbedienstete achteten darauf, dass Kunden und Standbesitzer alle Vorschriften einhielten. Öffnungszeiten für Sommer und Winter sowie die Anlieferung waren genau festgelegt. Tag für Tag strömten viele Kunden in die überdachte Halle, denn in einer Großstadt wie Leipzig wurden große Mengen Lebensmittel benötigt. Eine Aufzählung aus damaliger Zeit gibt uns einen Einblick über die Vielfalt des Angebotes.

Sellerie und frische Butter, Sauerkraut und andres Futter,
Welsch- und Rot- und Weißkraut, Möhren, Kürbis,
Beifuß, Pilze, Beeren,
Pfefferkraut und Thymian, Gänse, Enten, Huhn und Hahn.
Blumen, Kränze, Aale, Schleien, Seefische in langen Reihen.
Auch Kartoffeln, dicke Trauben, Bauerneier, Käse, Tauben.
Und Marunken, Birnen, Rosen, Äpfel, Nüsse, Aprikosen,
Schoten, Spinat und Tomaten, Blumenkohl und Sonntagsbraten.
Staudensalat, grüne Bohnen, Karpfen, Krebse und Melonen,
Rosenkohl und Quark und Pflaumen, Hochgenüsse
für den Gaumen. Alles so, wie ich's beschrieben,
kunterbunt „wie Kraut und Rüben".

Heute können wir in der Markthalle genauso gut einkaufen wie auf dem Wochenmarkt unter freiem Himmel.

Von der Schneckenpost zur E-Mail

Wie gelangten in früherer Zeit Neuigkeiten und Waren in andere Orte? Seit jeher gibt es das Mitteilungsbedürfnis der Menschen und den Wunsch nach Kontakt untereinander. Den Nachrichtenaustausch und die Beförderung von Briefen und Kleingütern erledigten Boten. Im 17. Jahrhundert wurde in Sachsen eine Fußpost und eine reitende Post eingerichtet. Beritten oder zu Fuß waren die Boten Unwettern, Hitze und Frost ausgesetzt. So manches Mal machten ihnen Banditen das Leben schwer. Durch regelmäßigen Querfeldeinverkehr zwischen zwei oder mehreren Ortschaften von Personen, Reit- und Tragtieren entstand auf einfache Weise ein Pfad im Gelände. Lastfuhrwerke und Postkutschen erweiterten diesen zum Feldweg und schließlich zur Landstraße. Das bedeutete eine Erleichterung und zugleich auch Beschleunigung für den Transport und Handel verschiedenster Erzeugnisse. Wegen der vielen Überfälle auf Postkutschen mussten diese eine Zeit lang durch bewaffnete Begleiter beschützt werden.

Unter Kurfürst Georg II. entstand die Strecke Leipzig-Wurzen-Oschatz-Meißen-Dresden als Poststraße. Der Postkutscher erhielt die Bezeichnung Postillion oder Schwager. Er benötigte oft seine ganze Fahrkunst, um die Postkutsche heil ans Ziel zu bringen. Dennoch konnte es passieren, dass durch die widrigen Wegverhältnisse eine Kutsche umschlug und die Reisenden unter sich begrub. Das Signal seines Posthorns ertönte in den Gassen der Dörfer und Städte bis hinauf zu den Burgen.

„Öffnet das Stadttor! Macht den Weg frei!"

Zum Zwecke der Landvermessung und als Markierungszeichen wurden am Anfang des 18. Jahrhunderts Postmeilensäulen errichtet. Die sächsischen Säulen zählen zu den formschönsten in Europa und stehen unter Denkmalschutz.

Allmählich löste die Eisenbahn die Kutsche ab. Es folgten der Güter- und Personentransport mit dem Automobil, im Schiffs- und Flugverkehr.

Heute ist die Post ein modernes Dienstleistungsunternehmen. Auf der Datenautobahn sind elektronische Nachrichten in Sekundenschnelle beim Empfänger.

Grand Prix für einen Sachsen

Ferien auf dem Lande ist ein Trend unserer hektischen Zeit. Wer möchte sich nicht gern an frischer Luft erholen? Man kann den Leuten auf einem Bauernhof zuschauen oder selbst Hand anlegen, zum Beispiel beim Füttern von Tieren.

Die Arbeit war nicht immer so idyllisch wie wir sie heute kennen. Jahrhundertelang bestellten Mensch und Tier in Schwerstarbeit die Felder. Mühsam zogen Ochsen oder Pferde den Pflug.

Rudolf Sack, der Sohn eines Bauern, war von Kindes Beinen an mit der Landwirtschaft vertraut. Wie damals üblich begab er sich auf Wanderschaft, um seine Kenntnisse über Ackerbau und Viehzucht zu erweitern. Dabei begegnete er immer wieder den veralteten Pflugtechniken. Angeregt durch die Ideen anderer Erfinder entschloss sich Rudolf Sack einen eisernen Pflug zu konstruieren. Dies war der erste Schritt zur Entwicklung von arbeitserleichternden Landmaschinen. Also begann er 1850 gemeinsam mit dem Dorfschmied Knopp und fünf Arbeitern die Produktion. Seine Fabrik entstand in Leipzig-Plagwitz. Das Unternehmen vergrößerte sich schnell. Die Hälfte der hergestellten Pflüge verkaufte er ins Ausland. Zu seinen Großkunden zählte Russland. Sack's Betrieb wurde zum größten deutschen Hersteller von Landmaschinen. Da die landwirtschaftlichen Geräte von Rudolf Sack maßgebend zur Erleichterung des Ackerbaues beitrugen, verlieh ihm der sächsische König Albert das Ritterkreuz.

Grand Prix - diesen Begriff hat doch jeder von euch schon einmal gehört. Mit dem modernen Pflug gewann er 1900 in Paris diesen großen Preis. Weitere Auszeichnungen bei Weltausstellungen folgten.

Der Erfindergeist von Rudolf Sack blieb bis in unsere Gegenwart erhalten. Noch immer ist das Unternehmen in der sächsischen Messestadt Leipzig ansässig und fertigt Bodenbearbeitungs- und Pflanzenschutzgeräte.

Lobenswert ist das Ziel des Betriebes, junge Menschen in technischen und kaufmännischen Berufen auszubilden. Könntet ihr euch vorstellen, diesen Berufszweig näher kennen zu lernen? Informiert euch doch einmal.

Brennende Erde

„Kinder zieht eure Mäntel an. Wir müssen Kohlen holen!" Wie oft werden eure Großeltern diese Aufforderung gehört haben. Noch vor etwa 70 Jahren transportierten die armen Familien ihr Heizmaterial mit dem Handwagen vom Händler um die Ecke. In jedem Wohnviertel war er zu finden. Das schwarze Gestein verfeuerten die Menschen in den Öfen, um ihre Stuben im Winter zu wärmen. Eine moderne Heizung gab es damals noch nicht. Der Händler lieferte mit Pferd und Wagen, später mit dem Auto, die bestellten Brennstoffe ins Haus. Damit erleichterte er die Arbeit der Leute. Träger schütteten die schweren Säcke in den Kellern aus.

Kohle, nichts anderes als verwandelte riesige Bäume und Sträucher aus der erdgeschichtlichen Zeit des Tertiär, lagerte 65 Millionen Jahre in der Erde. Der älteste schriftliche Nachweis über die Verwendung des Gesteins als Brennmaterial ist 2000 Jahre alt.

Südlich von Leipzig entstand das mitteldeutsche Braunkohlenrevier. Riesige Abbaugebiete wurden auch in der Oberlausitz erschlossen. Die erste beurkundete sächsische Grube gab es bereits im 17. Jahrhundert. Wenn im Winter die Feldarbeit ruhte, suchten die Bauern in kleinen unbedeutenden Kohlelöchern nach der „brennenden Erde". Damit schufen sie sich ein geringes Zubrot. Kohle war billiger als Holz. Die Lagerstätten des Gesteins dicht unter der Erdoberfläche versiegten bald. Es musste noch tiefer in die Erde eingedrungen werden. Das Erschließen immer neuer Lagerstätten gab Bergleuten oft viele Jahre Arbeit und Brot.

Den Brennstoff Braunkohle benötigten die Menschen dringend für Handwerksbetriebe und Haushalte. Ab dem 19. Jahrhundert begann ein maschineller Abbau des wertvollen Materials als Rohstoff für die chemische Industrie und zur Betreibung von Kraftwerken. Viele wichtige Dinge des täglichen Lebens stellten die Arbeiter in den Chemiewerken bei Leipzig her. Dazu gehörten vor allem Farben, Teer, Kunststoff und Gummi. In Tagebauen erfolgt noch heute die Förderung des „schwarzen Goldes". Riesige Bagger graben den Bodenschatz tief aus der Erde. Ganze Dörfer mussten den modernen Monstern weichen, da unter ihnen große Mengen Braunkohle lagerten.

Eines Tages wird nichts mehr an den einstigen Tagebau erinnern. Das Gesicht der Landschaft verändert sich, weil die Menschen ihre Verantwortung für die Wiederherstellung der Natur ernst nehmen. Neu entstandene Seen laden euch an heißen Tagen zum Baden ein und in aufgeforsteten Wäldern könnt ihr Tiere und Pflanzen finden.

Allerlei seltsame Begriffe

Findet die richtigen Antworten. Das Lösungswort ergibt sich, indem ihr die farbig gekennzeichneten Buchstaben in die entsprechenden Felder eintragt.

Hanswurst ist nicht eine nach Paprika schmeckende Edelsalami, sondern so nennt man einen
S _ _ ß _ _ _ _ _ r.

Schnieber ist keine Erkältungskrankheit, sondern ein
S _ _ _ _ _ g _ _ s _ _ _ n.

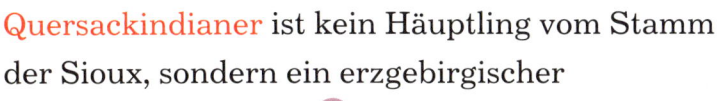

Quersackindianer ist kein Häuptling vom Stamm der Sioux, sondern ein erzgebirgischer
S t _ _ _ _ _ h ä _ _ _ _ r.

Grand Prix ist keine Pralinenmischung, sondern die Bezeichnung für den
G _ _ _ _ _ P _ _ _ s.

Tippelbrüder sind keine Staffelläufer, sondern so nennt man
W _ _ _ _ _ _ r.

Käsch ist keine asiatische Kampfsportart, sondern altes chinesisches
P _ _ _ _ _ g _ _ d.

Quellenverzeichnis

Blaschke, Karlheinz: Geschichte Sachsens im Mittelalter
Böhme, Hans-Ludwig, Delau, Reinhard: Die sächsische Weinstraße
Braun, Peter: Armbanduhren „A. Lange & Söhne"
Capelle, Torsten: Sächsisch-thüringische Bergbaugepräge
Deutscher Kunstverlag: Die Silberstraße in Sachsen
Fellmann, Walter: Sachsen
Gatz, Konrad: Kauffahrer, Krämer und Handelsherren
Gerner, Manfred: Das große Buch der Zimmermeister
Gräfin Brühl, Christine: Rundblick-Lesebuch Heimatgeschichte, Brauchtum und Sachen aus dem Muldentalkreis
Gröllich, Edmund: Die Baumwollweberei der sächsischen Oberlausitz
Guth, Peter, Sikora, Bernd, Vogel, Norbert: Leipziger Landschaften
Haedeke, Hanns-Ulrich Dr.: Sächsisches Zinn
Haupt, Walther: Sächsische Münzkunde
Häntsch, Hellmuth Dr.: Die Bekleidungsindustrie in der sächsischen Oberlausitz
Hoffmann, Wolfgang: Unterwegs auf der Sächsischen Weinstraße
Kasper, Hans-Heinz: Die Silberstraße
Kluge, Ulrich, Herrmann, Karin: Sächsische Feste
Kura, Anette, Ruhland, Volker, Unger, Roland: Sachsen's Mordbrenner, Räuber, Pascher und Wildschützer im Erzgebirge und in der Oberlausitz
Ludwig, Jörg: Amerikanische Kolonialwaren in Sachsen 1700-1850
Maderholz, Erwin: Hoch auf dem gelben Wagen
Meier, Günter: Porzellan aus der Manufaktur Meißen
Metscher, Klaus, Fellmann, Walter: Lipsia und Merkur
Pauls, Eilhard Erich: Von der Postkutsche zum Flugzeug
Pforr, Herbert: Freiberger Silber und Sachsens Glanz

Rehbein, Elfriede: Zu Wasser und zu Lande
Salzburg, Wolfgang F.: Der Braunkohlentagebau
Samhaber, Ernst: Kaufleute wandeln die Welt
Schäfer, Dagmar: Vom Leben der kleinen Leute in Sachsen
Schultz, Uwe: Neues Archiv für sächsische Geschichte, Band 66
Seyffarth, Joachim und Edith: Von Krieg und Not vom „Schwarzen Tod"
Sickert, Werner: Heimatverein Meißen
Sieber, Helmut, Steude, Rudolf: Sächsische Münzkunde
Sohl, Karin: Bratwurststand und Budenstadt
Ulrich Dr.-Ing., Horst: Das Agricola-Büchlein
Weber, Harald: Aus der Geschichte von Chemnitz und Umgebung
Wheeler, Steven: Schokolade Süße Träume
Yapp, Nick: Lebensalltag im Mittelalter

Internetrecherchen
Literatur und Publikationen von Tourismusverbänden, Vereinen und musealen Einrichtungen

Der Inhalt des Buches wurde mit größter Sorgfalt recherchiert. Sollten sich dennoch Fehler eingeschlichen haben, bitten wir Nachsicht.

Alle bereits erschienenen Bücher können ausschließlich beim Herausgeber erworben werden.